*Der goldene Weg
zu Glück und Erfolg*

Der goldene Weg zu Glück und Erfolg

Der Erfolgskurs für jedermann

von

Markus Rosenberg

Bibliografische Information der Deutschen Nationalbibliothek:
Die Deutsche Nationalbibliothek verzeichnet diese Publikation in der Deutschen Nationalbibliografie;
detaillierte bibliografische Daten sind im Internet über
http://dnb.d-nb.de abrufbar.

Satz, Umschlaggestaltung, Herstellung und Verlag:
Books on Demand GmbH, Norderstedt
ISBN: 978-3-8391-9674-8

Inhaltsverzeichnis

Einführung: Die Formel Ihres Lebens-ERFOLGS

Erfolgsgesetze – Erfolgsbewusstsein

Haben Sie sich schon einmal gefragt, was den Unterschied ausmacht zwischen Menschen, die im Leben – persönlich, beruflich und finanziell – **erfolgreich** sind, und Menschen, die ihr ganzes Leben von anderen abhängig, unzufrieden und erfolglos sind?

Bei Umfragen ergibt sich immer wieder dasselbe Bild, auch die Einkommens- und Vermögensverteilung zeigt es: Nur etwa 5 % der Bevölkerung sind finanziell unabhängig, können sich das Leben so gestalten, wie es den eigenen Wünschen und Bedürfnissen entspricht. Viele andere hingegen finden sich mit Halbherzigkeit ab, ändern einfach ihre Ansprüche, Ziele und Wünsche, anstatt ihr Leben zu ändern.

Wenn man die Grundlagen des Erfolgs kennt, die Gesetze studiert, auf denen er beruht, und danach handelt, kann man das richtige Erfolgsbewusstsein entwickeln, das als Folge „automatisch" den gewünschten Erfolg bringt.

Er*folg* – das Wort sagt es schon – ist eine logische *Folge*, eine Konsequenz, die sich immer dann im Leben eines Menschen einstellt, wenn bestimmte Grundgesetze befolgt werden und das entsprechende Bewusstsein vorhanden ist.

Damit sind wir schon beim ersten wichtigen Erfolgsgesetz:

Jede Wirkung hat eine Ursache, jede Ursache eine Wirkung

Die Ursache für den Erfolg eines Menschen liegt nicht in äußeren Gegebenheiten, sondern allein in seiner Persönlichkeit. Viele, denen das Schicksal z. B. einen Lottogewinn oder eine reiche Erbschaft beschert hat, konnten damit nichts anfangen, weil ihr Bewusstsein nicht so weit entwickelt war, dass sie damit verantwortungsbewusst hätten umgehen können. Andererseits gibt es viele Menschen, die trotz – oder wegen? – besonders schlechter Umstände und äußerer Begebenheiten enormen Erfolg im Leben haben.

Denn weder der Intelligenzquotient noch gute Startbedingungen z. B. in Form von reichen Eltern haben einen direkten Einfluss auf Ihren persönlichen Erfolg.

In diesem Intensivkurs gehen wir nur auf die wichtigsten Grundlagen ein. Doch Sie sollten aktiv mit ihnen arbeiten, denn es geht um SIE und IHR Leben.

Wo liegen nun die eigentlichen Ursachen für IHREN persönlichen Erfolg oder Misserfolg? Nun, nirgends anders als **IN IHNEN SELBST**. Jeder ist für sein Schicksal und für sein Leben in vollem Umfang selbst verantwortlich. Und solange Sie nicht genau dort sind, wo Sie wirklich sein wollen, müssen Sie an sich arbeiten.

Um Platz für echtes Erfolgsbewusstsein in Ihrem Denken zu schaffen, sollten Sie unbedingt so etwas wie eine kleine Inventur machen: Schließen Sie die Augen und blicken Sie in sich hinein. Was erkennen Sie? Welche Bilder steigen in Ihnen auf?

Sind Sie innerlich geneigt, anderen die Schuld für Ihre derzeitige Situation in die Schuhe zu schieben? Fangen Sie damit an, eine Entscheidung zu treffen, und sagen Sie zu sich selbst: **ICH BIN FÜR MEIN LEBEN SELBST VERANTWORTLICH!**

Ist das nicht großartig? Das Universum ist schier unendlich weit. Selbst Licht braucht Millionen von Jahren, um von einem Punkt zum anderen zu gelangen. Im Mikrokosmos ist man durch Forschung immer weiter zu den kleinsten Bausteinen der Welt vorgedrungen, und je mehr man in die Tiefe vordrang, umso mehr Fragen taten sich auf. Zum Schluss hat sich die Erkenntnis durchgesetzt: Energie ist Materie und Materie ist Energie.

Sie sind selbst solch ein Universum, in dem die gleichen Kräfte wirken wie die, die das ganze Weltall zusammenhalten. Sie sind der Herrscher über 300 Billionen Zellen lebendiger Materie. Und dieser Organismus besteht nicht losgelöst von der Welt rundum, sondern ist in beständigem Kontakt. Sie sind Sender und Empfänger einer ungeheuren Menge von Botschaften, die zu 99 % von Ihnen wegfließen und zu Ihnen gelangen, ohne dass Ihnen das bewusst ist.

Diese Botschaften werden in Ihnen ständig verarbeitet und weiterentwickelt. Ihr Unterbewusstsein arbeitet unablässig, Tag und Nacht. Es regelt Ihre Körperfunktionen, Ihre Gefühle und Gedanken auf eine erstaunliche Weise, ohne Ihr Zutun.

An dieser Stelle schalten Sie sich nun bewusst ein: Sie können nämlich Ihren inneren Kosmos, der mit der unendlichen Energie des Gesamtkosmos aufgeladen ist, in entscheidender Weise beeinflussen und verändern, nämlich so, dass Ihre Bestimmung, ein glücklicher, erfolgreicher und gesunder Mensch zu sein, in Erfüllung geht.

Die erste Frage, die Sie sich nun stellen sollten, ist: Warum bin ich überhaupt auf der Welt? Welcher tiefere Sinn steckt dahinter?

Da wir hier zunächst die Grundlagen behandeln, wollen wir unnötigen Ballast und Füllmaterial einfach weglassen. Natürlich weiß jeder, dass Religionen, Wissenschaft und Forschung sowie die Philosophien ganzer Jahrtausende sich mit dieser Frage nach dem SINN DES LEBENS beschäftigt und bis jetzt keine befriedigende Antwort gefunden haben. Warum ist das so? Ganz einfach, weil eine Grundtatsache vergessen wird: Einen **allgemeinen Sinn** zu definieren ist unendlich schwer. Dies ist auch nicht Ihre Aufgabe. Sie sollten vielmehr genau den Sinn **IHRES** Lebens für sich selbst bestimmen.

Sie sind der oberste Machthaber in Ihrem Universum, und Sie bestimmen, was dort geschieht. Wenn Sie den Sinn IHRES Lebens bestimmen, dann hat Ihr Leben genau den Sinn, den Sie ihm geben. Erkennen Sie, welch ungeheure Macht Sie haben: Sie bestimmen und definieren Ihren eigenen Lebensinhalt. Und bald kommen Sie darauf, wie die Persönlichkeit geschaffen werden kann, die Sie verkörpern wollen.

Aus der Einsicht in diese Tatsache, dass Sie selbst Ihren ureigensten Lebenssinn selbst bestimmen können, wollen wir nur das eine mitnehmen: Kein Mensch ist auf der Welt, nur um sich selbst zu genügen. Tief im Innersten weiß jeder, dass sein Dasein einen Sinn und einen Zweck hat, wenn diese über ihn selbst hinausführen. Der Sinn lässt sich nur im MIT-SEIN definieren, d. h.: Sie haben eine Aufgabe und eine Verantwortung für im weitesten Sinne die ganze Menschheit und die ganze Schöpfung.

Wie diese Aufgabe im Einzelnen beschaffen ist, das entscheiden Sie und nur Sie. Doch wenn Sie wissen: Es ist Liebe, die mich geschaffen hat und die mich trägt, dann erkennen Sie, dass sich Ihr persönlicher Erfolg im Dienst an der Menschheit und auch der Natur verwirklicht. Sie selbst bekommen am meisten dafür.

Ein Beispiel: Wenn Sie arm und hilfsbedürftig sind, dann muss die Gemeinschaft für Sie aufkommen. Das ist in jeder Gesellschaftsform anders geregelt, aber im Grunde ist es überall auf der Welt so. Wenn Sie selbst reich und gesund sind, können Sie anderen helfen. Und das Beste ist es, den anderen zu helfen, ebenfalls selbst reich und gesund zu werden.

Hier schließt sich ein weiteres Grundgesetz an: **Geben ist seliger als Nehmen.**

Man kann nicht auf Dauer mehr bekommen, als man gibt. Die Fähigkeit zu geben ist in Ihnen angelegt. Sie haben Talente und kreatives Potenzial, das im Grunde unerschöpflich ist. Ihre Erfahrung lehrt Sie, dass Sie bei der Ausübung bestimmter Tätigkeiten mehr Spaß und Freude empfinden als bei anderen. Dies ist Ihr Wegweiser dafür, was Sie zu „geben" haben. Der Gedanke „**Wer gibt, dem wird gegeben**", schließt sich nahtlos an. Sie erhalten nämlich immer mehr, als Sie selbst geben.

Dies ist eine wichtige Entscheidungshilfe für unseren nächsten Schritt, der lautet:

Ziele bestimmen.

Nur wer ein Ziel hat, bewegt sich planvoll vorwärts. Einer der Unterschiede zwischen erfolglosen und erfolgreichen Menschen ist, dass sich erfolglose Menschen keine Ziele setzen, die Sie erreichen wollen – und sich dann wundern, warum sie nie dort ankommen, wo sie eigentlich sein möchten.

Mit dem bis jetzt vermittelten Grundwissen beginnen Sie nun, ganz konkrete Ziele zu bestimmen. Schreiben Sie Ihre Wünsche und Ziele auf. Bestimmen Sie jedes Ziel positiv. Sie können auch ins Schwärmen geraten und etwas aufschreiben, das Ihnen so erscheint, als wäre es für Sie nicht erreichbar.

Dann konkretisieren Sie alle Ihre Ziele und Wünsche: Schreiben Sie genau auf, was Sie haben und sein werden. Bestimmen Sie auch Zeiträume, z. B. was Sie in einem Jahr erreicht haben wollen.

Nun brauchen Sie diese Ziele nur zum zentralen Thema in Ihrem Kopf werden lassen. Dies geschieht durch Wiederholung. **Wiederholung ist die Mutter der Weisheit**, wie ein russisches Sprichwort sagt.

Das bedeutet: Sie bestärken die Bilder in Ihrem Innern durch ständige Wiederholung. Lesen, schreiben Sie jeden Tag Ihre Ziele wieder neu auf.

Sprechen Sie sie auf eine Kassette und hören Sie diese täglich an.

So pflanzen Sie Ihre Ziele und Ihre Wünsche in Ihr Unterbewusstsein. Dies lenkt Ihr Leben so, dass alle diese Ziele nach und nach Wirklichkeit werden.

Auf der anderen Seite verbannen Sie alle Jammer- und Schuldgedanken. Wenn Sie noch „alte Rechnungen“ offenhaben, begleichen Sie diese, wo Sie können. Wenn Ihnen jemand Leid zugefügt hat, vergeben Sie ihm. Machen Sie reinen Tisch.

WIE INNEN, SO AUSSEN – auch dies ist ein Grundgesetz, das Sie vor Augen haben müssen. Wenn Sie täglich sagen: „Mir geht es schlecht“, dann dauert es nicht lange, bis es Ihnen wirklich schlecht geht. Jeder Gedanke, den Sie mit sich herumtragen, soll positiv und zukunftsgerichtet sein. Wenn schlechte Gedanken in Ihnen aufkommen, gehen Sie diesen auf den Grund, neutralisieren Sie sie und streichen Sie

sie aus Ihrem Kopf, das können Sie ganz bewusst tun, denn Sie sind der Herrscher Ihres ureigensten Kosmos, und niemand hat das Recht, Ihnen negative Gedanken und Gefühle einzupflanzen, die dann solche Wirkungen haben.

Wir wollen aber nicht nur ein zehntausendster Ratgeber über „positives Denken" sein, denn wenn das positive Denken allein alles regeln könnte, müsste jeder Mensch glücklich und zufrieden sein, denn solche Bücher füllen ganze Bibliotheken, und mit Sicherheit haben auch Sie schon etwas darüber gelesen und wenn es nur in einer Illustrierten war.

Denn etwas Entscheidendes unterscheidet das bloße positive Denken von unserem Erfolgssystem: Durch die Grundlage des Wissens, warum wir überhaupt auf der Welt sind, und die Berücksichtigung des Gedankens, dass wir nur dann auf vielfältige Weise erhalten, wenn wir bereit sind zu geben, stehen unsere positiven Gedanken und Ziele auf einer ganz anderen Grundlage: Sie wissen, dass Sie im Einklang mit dem Universum handeln, dass Ihre Wünsche und Ziele, die durchaus materiell und greifbar sind, getragen sind von einem kosmischen Prinzip: nämlich der Liebe. Dadurch entwickeln Sie das nötige **SELBSTVERTRAUEN**, auch entsprechend zu handeln und das Nötige zu **TUN**, um Ihre Ziele und Wünsche Wirklichkeit werden zu lassen.

Bis jetzt haben wir nur die Richtung angegeben für Ihren Erfolgsweg. Wie ein Seemann, der auf der Karte die Route mit einem Stift einträgt. Er weiß, dass viele Unwägbarkeiten kommen werden, doch er plant seinen Weg, und er geht ihn, **egal, was da komme**. Denn wenn Sie Ihren Lebenszweck bestimmt und die ureigensten Ziele genau definiert haben und wissen, dass Sie auf dem richtigen Weg sind, dann haben Sie in sich die unerschütterliche Gewissheit und die Stärke, diesen Weg auch zu gehen.

An dieser Stelle steht ein Entschluss: **ICH WILL DEN ERFOLG!**

Sie beschließen, dass der Erfolg, den Sie sich wünschen, Ihnen gehört, und weichen keinen Fingerbreit mehr davon ab. Natürlich gibt es Hindernisse, aber darauf kommen wir noch. Sie können die Ziele auch in dem einen oder anderen Punkt abändern, weiterentwickeln oder weglassen, aber die Grundeinstellung kann Ihnen nichts und niemand nehmen: ERFOLG GEHÖRT MIR, WEIL ICH MICH BEWUSST DAFÜR ENTSCHIEDEN HABE.

Sie können dies im Alltag an tausend Dingen erfahren. Wenn Sie zum Beispiel etwas hören oder lesen, dann ziehen Sie daraus nicht die Schlussfolgerung: „So schlecht ist die Welt", sondern fragen Sie sich: „Was lerne ich davon?" – „Wo steckt die Botschaft?"

Sie machen vielfältige Erfahrungen, Sie stehen vielen Problemen gegenüber. Erkennen Sie, dass alle Probleme, alle Widerstände, ein Prüfstein für Ihren Glauben sind, für Ihren Glauben an den eigenen Erfolg.

Wenn Ihr Bewusstsein davon erfüllt ist, dass der Erfolg Ihnen gehört, weil Sie ihn verdienen, gibt es nichts, was Sie davon abbringen wird, diesen auch zu erreichen. Sie müssen ein Feuer in sich entzünden, ein brennendes Verlangen, genau das zu erreichen, was Sie sich wünschen. Und weil Sie wissen, dass es Ihnen gehört, handeln Sie mit dem nötigen Selbstbewusstsein und der nötigen Kraft, um dorthin zu gelangen, wo Ihre Ziele sind.

Der Motor ist ein starkes Verlangen, das in Ihnen brennt. Sie lernen aus jedem Problem, aus jedem Widerstand und gehen gestärkt in die neue Runde. Alles, was Sie unglücklich oder traurig macht, geht vorbei. Sie strecken sich nach den Sternen im Erfolgsbewusstsein und erkennen: **Probleme sind Chancen**.

Sie können sich schwach und klein fühlen, doch auch daran lässt sich arbeiten. So wie jeder Mensch ein riesiges Potenzial in sich trägt, das nur wenig gefordert ist, erfährt er auch täglich, dass seine Möglichkeiten begrenzt sind. An diesem Punkt arbeiten Sie an sich selbst. Sie müssen nicht alles alleine schaffen, aber Sie müssen im Einklang mit den Erfolgsgesetzen sein, dann wird Ihnen die Hilfe zuteil, die Sie benötigen.

Dazu müssen Sie vollkommen in dem Bewusstsein leben, das Richtige zu tun. Das können Sie daran messen, wie ehrlich und aufrichtig Sie es meinen und wie sehr Sie sich engagieren. Ganz egal, welchen Weg Sie wählen und welches Ziel Sie ansteuern: Vergeuden Sie Ihre Kraft nicht unnötig. Ihre Gedanken sollen klar und rechtschaffen genau auf das zusteuern, was Sie erreichen wollen.

Ihre Beschränkung können Sie dadurch aufheben, dass Sie Ihre **Kräfte konzentrieren**. Ihre ureigensten Fähigkeiten sollten Sie systematisch weiterentwickeln und es genau darin zur Meisterschaft bringen. Es nützt nicht viel, wenn sie vieles ein bisschen können und jeden Tag auf einer anderen Hochzeit tanzen. Die Konzentration, die Sammlung auf einen Punkt, schafft eine ungeheure Verdichtung von Energie, die Sie mit Leichtigkeit dahin bringt, wo Sie hinwollen. Dort, wo Ihre Grenzen sind, akzeptieren Sie diese und bitten andere um Hilfe.

Durch die Wiederholung Ihrer Ziele schaffen Sie schon eine große **Konzentration an Gedankenkräften**. Machen Sie dasselbe mit Ihren **Gefühlen** und mit Ihren **Fähigkeiten**. Emerson, der amerikanische Erfolgslehrer, sagte: **„Eine gute Absicht kleidet sich mit unerwarteter Kraft.“**

Nachdem Sie bis jetzt alles aufmerksam gelesen haben, werden Sie vielleicht erkennen, dass wir einen Intensivkurs aufgebaut haben, der für seine Wirksamkeit intensive Lektüre erfordert. Sie sollten sich deshalb die folgenden Gedanken immer in Reichweite halten und diese Seiten wieder und wieder lesen. Durch seine natürliche Trägheit ist der Mensch gern versucht, etwas lediglich zu konsumieren. Wenn Sie sich dieser Trägheit hingeben, ziehen Sie keinen – oder nur sehr geringen – Nutzen aus diesen Gedanken.

Ihre Liste mit Ihren Zielen müsste bereits vor Ihnen liegen, wenn dies noch nicht der Fall ist, machen Sie sie JETZT.

Es gibt nämlich einen richtigen Zeitpunkt, damit zu beginnen, das zu tun, was dem Erfolg dient. Dieser Zeitpunkt ist JETZT. Er ist NIE zu einem anderen Zeitpunkt. Weder der Gedanke „Ach hätte ich doch schon damals vor Jahren ...“ noch der Gedanke „Ja, ja, später ...“ bringt Sie weiter.

JETZT ist der Zeitpunkt, da Sie für Ihren ERFOLG die Ursachen setzen müssen. **JETZT!!!**

Es wird Ihnen ungeheure Kraft geben, wenn Sie mit der nötigen SELBSTDISZIPLIN das Nötige JETZT tun. Und Selbstdisziplin ist ein Schlüssel zum Wachstum. Alle Ihre schönen Ziele und positiven Gedanken werden nämlich durch Trödeln und Sich-hängen-Lassen weitgehend neutralisiert. Dies ist ein weiterer Aspekt, warum positives Denken allein oft nicht viel hilft. Denn es bleibt beim „Denken“, wenn die nötige Selbstdisziplin fehlt.

Beseelt von Ihrem unerschütterlichen Verlangen, Ihrem Glauben, das Rechte zu tun, müssen Sie auch die Disziplin aufbringen, all die kleinen Schritte zu tun, die Sie über die Masse erheben. Große Ziele erfordern großen Einsatz. Es kommt die Zeit, wenn scheinbar alles „von allein“ geht. Aber bis dahin müssen Sie die Weichen tagtäglich neu stellen.

Nehmen Sie sich jeden Tag die Liste mit Ihren Zielen und Wünschen vor und überlegen Sie: Was habe ich getan, um näher dorthin zu gelangen? Was werde ich am kommenden Tag tun?

Hier schließt sich ein weiterer Gedanke an: Sie leben nicht allein auf dieser Welt. Ihre Mitmenschen sind Ihr Spiegel und Ihr Prüfstein. Jeder hungert nach Anerkennung. Jeder möchte mit dem nötigen Respekt behandelt werden.

Erkennen Sie, dass Sie zusammen mit allen Menschen, denen Sie begegnen, eine Aufgabe erhalten haben, die richtungsweisend für Ihren Erfolg ist. Pflegen Sie das Miteinander und lernen Sie von Ihren Mitmenschen. Gehen Sie mit Liebe und Anteilnahme auf den anderen zu. Lassen Sie seine Botschaft für Ihr Leben in Ihnen wirken und pflanzen Sie dort Keime, die den anderen weiterführen.

Was Sie aussenden, erhalten Sie zurück. Jedes Lächeln ruft positive Gefühle wach – es sollte echt sein und tatsächlich von Ihnen selbst kommen (grinsen brauchen Sie nicht). Schaffen Sie sich Freunde. Dies erreichen Sie dadurch, dass sie wissen, was Sie wollen, und dies auch zeigen.

Ein weiteres Erfolgsgesetz heißt **FREUDE**. Alles, was Sie tun, sollten Sie mit FREUDE und BEGEISTERUNG tun. Wenn Ihnen diese fehlen, dann fragen Sie sich, warum das so ist.

Nur mit FREUDE und BEGEISTERUNG schaffen Sie große Ziele. Sie müssen von Ihrer Idee, Ihrem Ziel so begeistert sein, dass der Funke überspringt, dass jeder merkt, hier ist jemand, der es ernst meint.

Dies ist ein Gradmesser dafür, ob Sie auch den richtigen Weg eingeschlagen haben. Ihre Freude und Ihre Begeisterung zeigen Ihnen, wo Sie stehen. Mit der entsprechenden Haltung wecken Sie sie selbst. Es ist eine Lust zu leben! Das sollte Ihre Botschaft für Ihre Mitmenschen sein, und jeder wird Sie fragen, woher Sie die Kraft nehmen. Nehmen

Sie jeden Tag als ein Geschenk und gehen Sie mit Elan an Ihr Tagwerk, egal, was Sie tun.

Versuchen Sie nicht, mit Tricks zu arbeiten, sondern gehen Sie gerade und mit Freude Ihren Weg. Der Lohn folgt dann auf dem Fuße. Da Sie sich Ihre Ziele und Ihre Lebensaufgabe so gestellt haben, dass diese Ihrem Wesen entsprechen, ist es nur logisch, dass Sie auch mit vollem Eifer auskosten, was deren Verwirklichung an Schönem zu bieten hat. Sie werden **dadurch weniger anfällig für Krankheiten**, haben mehr MUT und mehr SELBSTVERTRAUEN und Ihre Umwelt wird automatisch mitgerissen.

Dann sind Sie auch besser gewappnet für Prüfungen, Hemmnisse und Rückschläge. Denn um große Ziele zu erreichen, werden Sie viel **DURCHSTEHVERMÖGEN** brauchen. Wenn Sie dies vorher schon wissen, fällt es Ihnen leichter, damit umzugehen.

Durch den unerschütterlichen Glauben, dass gerade SIE für den Erfolg geboren sind, nehmen Sie jede Hürde und jeden Stein, der sich Ihnen in den Weg legt, und bauen weiter an Ihren Zielen. Wünsche und Ziele zu haben ist das eine. **Konkrete** Wünsche und Ziele, die man sich selbst ausgewählt hat, sondern Sie schon von der Masse ab. Wirklichen Erfolg erreichen Sie aber nur, wenn Sie trotz vieler Hindernisse und Schwierigkeiten Ihren Weg konsequent weiterverfolgen.

Schwierigkeiten tauchen auf zwei Ebenen auf: einmal als Selbstzweifel, also in Ihrem Innern. Dies sind die größeren Barrieren, die Sie zu bewältigen haben. Hier können Sie ansetzen, indem Sie auf die Grundlage zurückblicken und erkennen: Ich habe meinen Lebenssinn bewusst SO gewählt, ich bin im Einklang mit dem Kosmos. Liebe, Mut und Begeisterung tragen mich und ich nutze der Menschheit. Mein Weg ist der richtige, nicht weil ich arrogant bin, sondern weil meine Ziele stimmen, nicht nur für mich, sondern für die gesamte Schöpfung. Und ich bin bereit, das zu geben, was notwendig ist, um das zu bekommen, was ich will. Ich bin für den Erfolg geboren, und nichts kann mich davon abhalten, diesen in meinem Leben voll zur Geltung zu bringen.

Sie überschätzen sich nicht selbst, aber Sie wissen, dass Sie nach grundlegenden Gesetzen handeln. In diesem Bewusstsein können sie Selbstzweifel und Attacken von außen überstehen. Mit jedem Problem werden Sie wachsen, denn jedes Hindernis ist ein Prüfstein dafür, ob Sie es ernst meinen – ernst mit sich selbst und ernst mit Ihrem Erfolg.

Halten Sie sich auch die andere Seite der Medaille vor Augen: Wenn Sie sich zurückziehen, Ihren Erfolg aus den Augen verlieren und Ihre Ziele kleiner anstatt größer werden lassen, sinken Sie zurück in den Dämmerzustand der Masse, die von außen bestimmt wird, unwillig das Leben über sich ergehen lässt und alle anderen verantwortlich macht, aber nicht selbst aktiv an der Gestaltung der eigenen Zukunft arbeitet. Ein trostloses Dasein für trostlose Menschen. Krankheiten, seelische wie körperliche, Armut und Verzweiflung sind oft die Folge.

Lohnt es da nicht, die Schätze zu heben, die in Ihrem Innern brachliegen?

Lohnt es da nicht, jeden Tag die Weichen so zu setzen, dass man ERFOLGREICH wird, zum Nutzen anderer und zum eigenen Nutzen?

Entscheiden Sie sich jetzt für ein Leben auf der Grundlage der Erfolgsgesetze, entscheiden Sie sich für eine Haltung des Erfolgs, für Ihr persönliches **ERFOLGSBEWUSSTSEIN**.

Halt! Keine Ausreden!

Wie bequem ist es doch, einfach zu sagen: „Ja, aber bei mir liegen die Dinge anders, weil ...“ Erkennen Sie, dass dies alles Ausreden sind, um dann anschließend wieder anderen die Schuld zu geben, weil Sie selbst nicht ernst gemacht haben mit Ihrer Entscheidung FÜR Erfolg.

Der Staat nimmt Ihnen diese Aufgabe nicht ab, auch nicht der Arbeitgeber, Ihre Eltern, Ihre Feinde oder Ihre Freunde. Niemand hat Schuld, wenn Sie sich selbst hängen lassen. Diesen Bereich haben nur Sie unter Kontrolle.

Machen Sie noch mal ein kleines Gedankenexperiment: Schließen Sie die Augen und legen Sie sich zwei Videokassetten im Geiste zurecht. Die eine zeigt Sie **strahlend, gesund, glücklich und reich** im Kreise Ihrer Familie und Freunde, genau so, wie Sie gern sein würden, geachtet, geschätzt, als gern gesehener Gast, als Ratgeber für andere und als Bereicherung für Ihre Umwelt, die von Ihnen profitiert, und Sie selbst profitieren am meisten. Sie leben in einem wunderschönen Haus und alle Annehmlichkeiten der Welt stehen Ihnen zur Verfügung ... Dieser Film läuft in FARBE, mit Stereo-Sound und bester Bildqualität.

Die zweite Videokassette zeigt Sie in Ihrem zukünftigen Leben traurig, einsam, krank, von Not und Schulden bedrückt und als Last für Ihre Mitmenschen, die Sie von sich weisen, weil Sie ihnen auf die Nerven gehen mit Ihrem Gejammer, Ihren Selbstzweifeln und Ihren negativen Gedanken. Sie leiden Not, hungern, frieren und leben in einer verfallenen Hütte ... Dies ist nur ein Schwarz-Weiß-Film, mit Nebengeräuschen und in schlechter Qualität.

Schauen Sie sich beide Videokassetten im Geiste ruhig längere Zeit an.

Dann spulen Sie die, die Ihre negative Entwicklung auf die Spitze treibt, zurück und löschen Sie diese, indem Sie die erste auf die zweite überspielen (im Geiste haben Sie ja sofort solch ein Gerät zur Hand).

Nun haben Sie zwei Videokassetten, die Ihnen beide Ihre Zukunft als reicher, gesunder, glücklicher Mensch zeigen, der ein Segen für seine Umwelt ist.

Diese Videokassetten heben Sie auf und schauen sie sich immer wieder an. Es werden Veränderungen darauf sein, und bei der zweiten wissen Sie, was Sie überspielt haben. Sie freuen sich, dass Sie sich bewusst FÜR das erfolgreiche Leben entschieden haben, und es gibt Fortsetzungen, hier sind Ihrer Fantasie keine Grenzen gesetzt. Sie werden Szenen in allen Einzelheiten sehen, die Ihr Leben als ein rundum glückliches, erfülltes zeigen.

Bevor Sie einschlafen, werfen Sie jeden Abend noch einen Blick auf diese Ihre Zukunft. Wenn Sie in Missstimmung sind, Schwierigkeiten, Anfeindungen ausgesetzt, dann suchen Sie sich einen ruhigen Platz und schauen Sie sich diese Filme an, die Ihr Leben so zeigen, wie es sein wird:

ERFOLGREICH – GLÜCKLICH – ZUFRIEDEN – GESUND

Nach diesem kleinen einführenden Überblick wollen wir die folgenden Lektionen genauer betrachten und zueinander in Beziehung setzen. Ich möchte Sie dazu ermuntern, anfangs täglich, später wöchentlich mit diesem System des GOLDENEN WEGES zu arbeiten. In diesem Intensiv-Grundkurs lernen Sie sehr viel über die Gesetze des Erfolgs, über uralte Geheimlehren und moderne angewandte Psychologie.

Lesen Sie zuerst alle Lektionen durch. Dann nehmen Sie immer wieder einzelne Kapitel zur Hand und befassen sich gezielt damit. Es sind dort einige Übungen aufgeführt. Machen Sie diese immer wieder.

In gezielten Anwendungen wird das, was Sie in diesem Grundkurs gelernt haben, speziell für die tägliche Übungspraxis aufbereitet und bei Bedarf mit individueller Betreuung abgerundet.

Auf jeder Seite, in jedem Abschnitt dieses Buches werden Sie immer wieder verborgene Schätze finden, die Ihnen helfen, auf der Erfolgsleiter weiter nach oben fortzuschreiten.

Solange Sie nicht rundum glücklich, zufrieden und erfolgreich sind, lohnt eine ständige Beschäftigung mit dieser Thematik. Auch Sie sind zum Glück berufen. Jeder Mensch kann seinem Leben neuen Sinn geben und Erfolg auf ganzer Linie anstreben.

Denken Sie daran: Größtmöglicher Erfolg ist auch für Sie die ureigenste Bestimmung. Geben Sie sich nicht mit dem weniger Guten zufrieden, streben Sie das Beste an.

Sie werden es schaffen!

Überlassen Sie Ihren Erfolg nicht dem Zufall.

Nutzen Sie ALLE Möglichkeiten des GOLDENEN WEGES!

Erfolgslektion Nr. 1: Ziele bestimmen

Sehr geehrter Leser, Ihre Entscheidung, von heute an auf der Sonnenseite des Lebens zu stehen, ist der erste Schritt in eine neue Zukunft.

Sie haben sich entschieden, mehr vom Leben zu bekommen als der Durchschnittsbürger. Diese Entscheidung ist vielleicht tief in Ihrem Innern gefällt worden, doch Sie haben diese Lektion angefordert, und damit ist der Beweis erbracht:

Sie wollen MEHR vom Leben.

Und weil Sie es wollen, deshalb bekommen Sie es auch.

In den folgenden Lektionen erfahren Sie praxisnah und in verständlicher Sprache, wie Sie mehr Erfolg erringen, wie Sie glücklicher und zufriedener werden und wie Sie das erreichen, was Sie sich immer erträumt haben. Sie werden lernen, welche Gesetze wirksam werden, wenn man zielgerichtet denkt und handelt, wie sich Gedanken und Wünsche realisieren.

Es gibt eine umfangreiche Literatur zu Glück und Erfolg, und trotzdem haben viele Menschen Schwierigkeiten, glücklich, reich und gesund zu leben. Deshalb gehen die folgenden Lektionen über bloße Wissensvermittlung hinaus. Sie lernen in der Praxis, ganz so, wie es ein chinesisches Sprichwort formuliert:

„Sagst du's mir, so vergesse ich es.
Zeigst du's mir, so merke ich es mir.
Lässt du mich teilhaben, so verstehe ich es."

Was hilft Ihnen schon ein Buch, das Ihnen haarklein erklärt, wie jemand a n d e r e r erfolgreich geworden ist? Natürlich spornt ein gutes Beispiel an, doch Sie selbst sind dadurch noch keinen Schritt weiter.

Was wollen Sie erreichen? Auf welches Ziel haben Sie es abgesehen? – Haben Sie sich darüber schon Gedanken gemacht?

Um größte Ziele zu erreichen, bedarf es einer Menge Komponenten, die Sie in den folgenden 19 Erfolgslektionen Stück für Stück kennenlernen werden. Aber es gibt nur einen Herrn und Meister in Ihrem Leben: SIE SELBST! Sie selbst bestimmen über Ihren Erfolg (oder Misserfolg).

Sie werden lernen, wie Sie jedes realistische Ziel erreichen können, welche Prinzipien und Gesetze dabei wirken. Diese Prinzipien gelten unabhängig davon, ob Sie diese kennen oder nicht, ob Sie sie bewusst einsetzen oder nicht.

Was wollen Sie vom Leben? Haben Sie schon einmal ein Ziel definiert?

Lassen Sie uns gleich die erste Übung durchführen.

Mein Lebensziel:______________________________________

Vielleicht ist es für Sie momentan etwas zu hoch gegriffen, gleich ein Lebensziel zu formulieren. Aber ohne Ziel gibt es keinen Start, und wenn man sein Ziel nicht selbst definiert, wird es von anderen vorgegeben. Sie werden noch erfahren, wie Sie viele Ziele erreichen können, doch Ihnen sollte ein echter Lebenszweck bewusst werden. Der Sinn, wenn man so will.

Wir kommen darauf noch zurück.

Mit diesem goldenen WEG erreichen Sie inneren und äußeren Reichtum. Inneren Reichtum, indem Sie Ihre Persönlichkeit weiterentwickeln. Äußeren Reichtum in Form von mehr Geld, mehr Macht, mehr Ansehen. Dies ist kein Widerspruch, wie oft angenommen wird, sondern eine gegenseitige Bedingung: Nur wer genügend Herzensbildung, Gelassenheit und Charakter entwickelt, erreicht auch dauerhaften materiellen Wohlstand.

Der erste Schritt: ***Ihr Glaube***

Nur wer an seinen Erfolg glaubt, wird ihn erringen. Sind Sie davon überzeugt, dass Ihnen das hier vermittelte Wissen neben wertvollen Erkenntnissen auch viel Geld einbringen kann? Nicht nur mehr Geld, sondern auch mehr Befriedigung, denn SIE SELBST haben dieses Geld erwirtschaftet!

Dies bedeutet, dass Sie auch mehr davon haben. Denn was einem einfach so in den Schoß fällt, zählt nicht viel. Wenn Sie aber zielstrebig dafür arbeiten, wissen Sie genau, warum Sie das Geld verdient haben.

Der zweite Schritt: ***Ihr Handeln***

Man muss daran glauben und man muss es **tun** – dies sagte einmal ein Bekannter zu mir, als Kurzfassung seiner „Erfolgsregel“. Und so einfach es klingt: Es stimmt.

Sie kennen bestimmt die Fabel von der Hummel, die in die Sahne fiel und zu ertrinken drohte. Doch sie schlug so lange mit den Flügeln, bis die Sahne zu Butter verklumpte, und so hatte Sie wieder „festen Boden" unter den Füßen und konnte frei davonfliegen. Resignation hätte sie ertrinken lassen.

Egal, in welcher Situation Sie sich befinden: Werden Sie aktiv, tun Sie etwas, handeln Sie.

Sie werden noch lernen, warum viele untätig sind und was man dagegen unternehmen kann. Doch das Einfachste ist:

Einen klaren Entschluss zu fassen und danach zu handeln.

Warum wir das hier anführen? Weil es jetzt an Ihnen ist, zu handeln.

Den ersten Schritt haben Sie bereits unternommen: Sie lesen diese Lektion.

Wie sagte Goethe: **„Man muss sein Glück teilen, um es zu multiplizieren."**

Dabei werden Sie vielleicht von Zweifeln oder Bedenken geplagt. Doch in Wirklichkeit sind äußere Zweifel immer ein Spiegelbild Ihrer Selbstzweifel und Ihrer eigenen Faulheit. Man schanzt Gründe vor, um nicht wirklich aktiv werden zu müssen. Dies betrifft jedes Erfolgskonzept, jeden Traum, jedes Ziel, das Sie im Laufe Ihres Lebens angehen.

Bereits bei den ersten Unannehmlichkeiten geben 90 % auf. Sie bleiben im alten Trott und alles ist wie vorher. Irgendwann erlahmt sogar das Interesse, sich überhaupt noch zu bewegen: Noch lebendig ist man dann wie „tot" und sind die anderen schuld, dass man selbst versagt hat.

*„Wenn ein Schuss kracht, fliegen die Sperlinge auf:
So geht es den Bedenken, wenn ein Entschluss gefasst wird."
Ernst R. Hauschka, deutscher Lyriker und Aphoristiker*

Sie wissen nicht, wie viele echte Chancen Ihnen das Leben noch bietet. Doch immer wird es ablaufen wie jetzt: ein Entschluss, Ihr Glaube, Ihr Handeln – entweder geht Ihnen die Luft aus oder Sie schreiten auf Ihrer Erfolgsbahn voran.

Überlassen Sie Ihr Glück und Ihre Zukunft nicht dem Zufall.

Was Sie jetzt TUN, bildet den entscheidenden ersten Schritt in Ihre Zukunft.

Sie wissen nicht, was Sie in den folgenden 19 Lektionen erwartet. Welche Erfahrungen, Erkenntnisse auf Sie zukommen. Welche Höhen Sie erklimmen werden. Es wird spannend und aufregend. Aber nur, wenn Sie JETZT nach Plan vorgehen. Sie haben vielleicht viele „Alltagsgeschäfte", Ihre Arbeit oder Ihre Hobbys, Ihre Familie und (immer mehr) Freizeit. Doch ab heute widmen Sie 5 Minuten (oder mehr)

an jedem Tag

Ihrer zukünftigen persönlichen und finanziellen Freiheit. Auf keinen Fall weniger. Denn jetzt müssen Sie ein Ziel und einen Plan verfolgen.

Ihre tägliche Übung:

Schreiben Sie jetzt zwei Ziele auf, zwei kleine Dinge, die Sie HEUTE noch tun können, um sich besser zu fühlen. Dinge, die Sie schon länger vor sich hergeschoben haben, etwa einen Brief zu beantworten oder den Keller aufzuräumen. Auch wenn es bloß der Abwasch ist, den Sie noch nicht erledigt haben.

Machen Sie es sich zur Gewohnheit, täglich ZWEI Dinge zu erledigen, die Ihnen auf der Seele liegen oder die Ihnen so unangenehm sind, dass Sie diese immer vor sich hergeschoben haben. Nach Erledigung dieser zwei „kleinen“ Ziele gönnen Sie sich eine Belohnung und eine Ruhepause!

Wiederholen Sie diesen Vorgang AB SOFORT täglich.

Wenn alle aufgeschobenen Sachen erledigt sind, dann machen Sie sich daran, zwei ZUSÄTZLICHE Dinge am Tag zu erledigen, die Sie Ihrem Erfolg näherbringen.

Sie können sich ein wertvolles Buch anschaffen, das Ihrer Weiterentwicklung dient, auf Zeitungsinserate antworten oder Meditationstechniken einstudieren. Sie können an Kursen der Volkshochschule teilnehmen oder Freunde kontaktieren, die Sie schon länger nicht mehr getroffen haben, und Gespräche mit ihnen führen.

BAUEN SIE TÄGLICH AN IHREM ERFOLG und fragen Sie sich am Abend: Was habe ich HEUTE getan, um meinem Leben mehr Sinn zu geben? Was hat mich heute GEZIELT meinem Lebenserfolg NÄHER gebracht.

Rechnen Sie nicht nur in Euro und Cent, sondern richten Sie auch Ihre zwei täglichen Ziele mit der Zeit so aus, dass eines mehr MATERIELL und eines mehr GEISTIG/SEELISCH einen Zugewinn bringt.

Diese TÄGLICHEN Ziele können noch so klein sein. Wichtig ist, dass Sie TÄGLICH etwas für Ihren Erfolg TUN! Aber wie die längste Reise mit EINEM Schritt beginnt, ist es nicht möglich, von heute auf morgen 100 % an Verbesserung zu erreichen. Wenn Sie nur jeden Tag 1 % MEHR erreichen, sind dies nach 100 Tagen ebenfalls 100 %.

ORIENTIEREN Sie sich an Ihren Lebenszielen. Man kann nicht alles gleichzeitig erledigen, doch mit Strategie und Planung erreichen Sie alles! ZWEI ZIELE am Tag genügen! Kleine, dafür umso konsequentere Schritte bringen Sie Ihrem Ziel näher als große, über die Sie stolpern.

Manche Erfolgslehrer empfehlen fünf oder sieben Ziele pro Tag. Die Erfahrung zeigt, dass viele nach kurzer Zeit aufgeben, weil es ihnen zu viel wird.

Planen Sie an jedem Abend SCHRIFTLICH zwei kleine Ziele für den nächsten Tag! Am nächsten Morgen nehmen Sie den Zettel, auf dem Sie diese zwei kleinen Dinge notiert haben, und bereiten sich innerlich vor. Beginnen Sie mit allen unangenehmen Dingen des Alltags und kultivieren Sie Ihre Ziele im Laufe der Zeit. Werden Sie immer anspruchsvoller gegenüber sich selbst, aber nehmen Sie sich nicht zu viel vor!

Abends ziehen Sie Bilanz und planen für den nächsten Tag. Sollten Sie feststellen, dass Sie eines nicht erreicht haben, schreiben Sie es sofort wieder auf die Liste für den nächsten Tag und gehen Sie an die Verwirklichung.

Denken Sie daran: EIN Prozent Verbesserung am Tag bringt HUNDERT Prozent in 100 Tagen!!!

Damit Sie sich noch genauer vorstellen können, was ich meine, machen Sie eine Bestandsaufnahme (auch das könnte eines Ihrer Ziele für morgen sein!):

WO KÖNNTE ICH IN MEINEM LEBEN ETWAS VERBESSERN?

Oder anders ausgedrückt: Was ist in meinem Leben momentan nicht so, wie ich es haben möchte? Teilen Sie Ihr Leben in einzelne Bereiche auf. Die Liste können Sie nach Ihrem Bedarf erweitern oder abändern:

- Gesundheit
- Liebe, Partnerschaft
- zwischenmenschliche Beziehungen
- Beruf
- Geld
- Erfüllung
- Hobbys
- Träume
- Wünsche
- Körper
- Ernährung
- Bewegung
- Geist
- Anregung
- Seele

Schreiben Sie hinter jedes Stichwort spontan eine Prozentzahl: „100 %" steht für totale Erfüllung, „0 %" wäre absolut negativ. Wenn Sie zum Beispiel mit Ihrem Beruf zwar leidlich zufrieden, aber mit Kollegen, dem Chef oder der Bezahlung im Innern unzufrieden sind, dann ordnen Sie diesem Punkt beispielsweise „35 %" zu. Das heißt, es geht beruflich zwar einigermaßen, aber vieles läuft nicht optimal.

Nun analysieren Sie jeden Bereich noch genauer (vielleicht für übermorgen – wieder ein Ziel):

- Beruf:

- Kollegen
- Chef
- Bezahlung
- Abwechslungsreichtum
- Karrierechancen
- Erfüllung

usw.

An diese Unterbereiche können Sie ebenfalls Prozentpunkte verteilen.

Wenn diese Vorbereitung abgeschlossen ist, nehmen Sie sich zwei Punkte heraus, für die Sie GEZIELT Verbesserungen anführen. Beginnen Sie mit den Punkten, die Ihnen am wichtigsten sind und bei denen der Prozentsatz ziemlich niedrig ausgefallen ist.

Ihr Ziel sollte nun sein, wenigstens EIN Prozent Verbesserung zu erreichen!

Wenn Sie so einige Zeit gearbeitet haben, leisten Sie für Ihren persönlichen Erfolg in wenigen Monaten MEHR als vorher in Jahren oder Jahrzehnten!

Stellen Sie nun fest, dass Sie irgendwo nicht weiterkommen oder die Prozentzahl sogar sinkt, dann müssen Sie sich andere Wege überlegen. Zum Beispiel beim Thema Beruf sollten Sie, wenn alle Möglichkeiten ausgeschöpft sind, aber immer noch unter 50 % liegen, einen Berufswechsel erwägen. Hier gehen Sie natürlich ebenfalls gezielt und mit Plan vor. Nie Hals über Kopf!

Verbessern Sie vorrangig die Bereiche **Gesundheit** und **Liebe**, dann **Beruf**, **Geld** usw. Die Wertigkeit der Punkte und damit ihre Reihenfolge bestimmen Sie selbst.

Gehen Sie beständig diesen Weg der KLEINEN SCHRITTE ZUM GROSSEN ZIEL!!

Denken Sie daran: Je höher und breiter ein Baum wird, umso mehr Wurzelwerk benötigt er!

So kommen Sie weiter, als wenn Sie drei Stufen auf einmal nehmen und auf der Nase landen (entweder weil Sie enttäuscht aufgeben oder mehr Unheil anrichten als Gutes bewirken), und können mit zwei Zielen täglich mehr erreichen als mit vielen Zielen, die Sie nicht schaffen, weil Sie vor lauter Bäumen den Wald nicht mehr sehen.

Erfolgslektion Nr. 2: Die Macht Ihrer Gedanken

Lehnen Sie sich einmal kurz zurück und schauen Sie sich in dem Zimmer um, in dem Sie gerade sitzen: Was sehen Sie? Nun denken Sie kurz nach: Woher stammen alle die Dinge, die Sie sehen, die Wände, die Farben, die Bilder, alle Materialien, der Stift, die Schreibmaschine, der Computer, das Radio usw.?

Es gibt nichts, das von Menschenhand geschaffen wurde, was nicht vorher GEDACHT wurde.

Stellen Sie sich die Pyramiden in Ägypten, die Golden Gate Bridge, die Mondraketen vor: alles Dinge, die aus den Gedanken von Menschen erschaffen wurden. Es mag einfach klingen, aber wenn uns Menschen etwas von anderen Lebewesen unterscheidet, dann ist es die Fähigkeit, bewusst zu denken.

Nun sehen Sie sich Ihr Leben an, Ihre Situation heute: Alles, was Sie sind, alles, was Ihnen Freude oder Sorgen bereitet, ist ein Produkt IHRER Gedanken.

Die Vorstellung, dass alles, was existiert, vorher gedacht wurde, hat in vielen Religionen zu der Überzeugung geführt, dass auch alles das, was im Universum Form in Gestalt von Materie angenommen hat, ein GEDANKE ist, ein Gedanke Gottes.

In „Ihrem" Universum sind SIE der Gott. Ihre Gedanken formen Ihre Wirklichkeit, und Ihre heutige Situation ist die Wirklichkeit, die Sie sich bis jetzt selbst geschaffen haben – mit Ihren Gedanken. Die Gedanken, die in Ihnen entstanden sind, sind entweder aus Ihnen selbst gekommen oder sie sind durch äußere Einflüsse entstanden.

Ein schlauer Mensch hat ausgerechnet, dass jeder von uns ca. 60 000 Gedanken am Tag „denkt“. Bewusst oder unbewusst fließt ein beständiger Gedankenstrom durch Sie hindurch.

Marcus Aurelius formuliert dies so:

„Das Leben des Menschen besteht aus seinen Gedanken.“

Nun haben wir den Schlüssel dazu, wie wir unser Leben so formen können, wie wir es uns wünschen. Es fehlt jetzt nur noch das Schloss, in das der Schlüssel passt.

Ihre Gedanken wirken nämlich immer, ob Sie es wollen oder nicht. Auch die Gedanken, die Ihnen von „außen“, also von Eltern, Mitmenschen, von der Werbung, den Medien usw., eingepflanzt werden, wirken in Ihrem Innern fort – und sie bestimmen Ihr Leben.

Genau an dieser Stelle ist es sehr wichtig, Inventur zu halten: Welche Gedanken „nähre“ ich, welche lasse ich „verhungern“? Diese tägliche Entscheidung über Ihre Innenwelt ist die beste Hygiene, die Sie so selbstverständlich wie die körperliche Hygiene Tag für Tag durchführen sollten.

Sie haben die Kraft, bewusst zu denken.

Dies ist sehr wichtig, denn JEDER Gedanke, sei er von außen oder von Ihnen selbst, hat die Tendenz, sich mittels Ihres Unterbewusstseins zu verwirklichen. Es gibt sogar sehr viele Gedanken und Vorstellungen, die gesellschaftlich so verbreitet sind, dass sie praktisch schon zu unserem Werte-Inventar gehören und nicht mehr infrage gestellt werden.

Mit 40 kommt die Midlife-Crisis; mit 65 wird man alt; das Einkommen eines Durchschnittsbürgers ist auf ... Euro begrenzt; meine Bildung reicht nur so weit; das ist nichts für mich; damit muss man leben ... – Es gibt so viele „Vor"-Urteile, die sich im Laufe eines Lebens verhängnisvoll auswirken können. Was hindert Sie daran, reich, glücklich und gesund zu leben? Wenn überhaupt etwas, dann (noch) Ihre Vorstellungen.

Irgendeine Vorstellung, die Ihnen als Kind eingepflanzt wurde, wirkt weiter, und zwar bis an Ihr Lebensende, wenn Sie nicht einen anderen Gedanken an die Stelle dieser althergebrachten „Begrenzungsgedanken" setzen.

Sie lernen in den folgenden Lektionen haarklein, wie Sie aus Gedanken – und seien es die kleinsten „Fünklein" – ein riesiges Feuer entfachen, das wunderbare Veränderungen in Ihrem Leben bewirken wird. Doch für diese Lektion genügt es, wenn Sie beginnen, die Fesseln, in denen Sie sich seit Geburt an befinden, abzustreifen, und endlich üben, GROSS zu denken:

ALLES ist möglich. Alles, was existiert, wurde gedacht, und alles, was gedacht wurde, existiert.

Diese Aufgabe kann Ihnen niemand abnehmen.

Fühlen Sie sich unwohl in Ihrer Haut? Was beschäftigt Sie, bereitet Ihnen Kummer und Sorgen? Fertigen Sie einfach eine Liste, auf der Sie alles das schreiben, was Sie in Ihrem Leben „anders" haben möchten. Wenn Sie dies noch nicht nach der Vorgehensweise in der 1. Lektion getan haben, TUN SIE ES JETZT!

Beginnen Sie einfach mit dem nächsten Gedanken, spinnen Sie den Faden weiter. SCHREIBEN Sie alles auf, seien es gesundheitliche, private oder berufliche Belange. Nehmen Sie Ihre zwischenmenschlichen Beziehungen kurz unter die Lupe, Ihren Freundeskreis und natürlich Ihre finanzielle Situation.

Nach 10 bis 15 Nennungen können Sie getrost aufhören, aber auch wenn Sie mehr oder weniger „Einfälle" haben, haben Sie diese Aufgabe prima erledigt. Sollte Ihr Blatt immer noch weiß sein, dann können Sie diese Lektion getrost in den Papierkorb werfen und alles vergessen, denn dann sind Sie rundherum glücklich und in jeder Hinsicht total zufrieden, dann brauchen Sie keine Verbesserungen in Ihrem Leben.

Dies kommt allerdings nur selten vor, früher sagte man „Heilige" oder „Erleuchtete" zu solchen Menschen.

Doch wenn es nur einen Punkt gibt, der in Ihrem Leben nicht so optimal läuft, wie er laufen könnte, dann lernen Sie hier und in den folgenden Lektionen, aus Ihrem Leben das Beste zu machen. Dazu kommt jetzt der zweite Schritt:

Träumen Sie!

Stellen Sie sich vor, wie es sein könnte, wie alle Dinge so gestaltet sind, dass Sie glücklich wären.

„Gib deine Illusionen nicht auf.
Hast du sie verloren, dann magst du zwar dein Dasein fristen,
aber leben im eigentlichen Sinne kannst du nicht mehr."
Mark Twain

Jetzt ist die Zeit für Ihre Illusionen. Denken Sie jedes Ihrer „Probleme“ um. Wie würde es aussehen, wenn jeder dieser Punkte optimal erfüllt wäre? Träumen Sie!

Es geht nicht darum, dass jede Illusion verwirklicht werden kann. Aber darin schlummert IHR Potenzial, denn was Sie denken, werden Sie. Es geht nicht um Scharlatanerie, bei der Ihnen vorgegaukelt werden soll, dass alles ganz leicht ist und Sie vor Gesundheit strotzend in Geld schwimmen, angehimmelt von Ihren Mitmenschen.

Doch so wie Ihre in der Vergangenheit gedachten Gedanken Ihr heutiges Leben formen, so formen die Gedanken von heute Ihr zukünftiges Leben. Und da macht es einen großen Unterschied, ob Sie sich eher krank und arm sehen oder reich und gesund!

Wer denkt Ihre Gedanken? Wer ist verantwortlich für Ihr Fühlen, Ihr Tun? Zuerst immer Sie selbst. Doch die Masse lässt sich gern treiben. Wenn es um innere Überzeugungen geht, „lassen“ die meisten Menschen denken und werden sich gar nicht bewusst, dass sie selbst Herr und Meister Ihres Lebens sind. Auf einmal stellen sie fest: Ich bin ja gar nicht da, wo ich eigentlich sein will!

Alles, was Sie denken, wird von Ihrem Unterbewusstsein realisiert. Alle Ängste, Probleme, Sorgen und Nöte werden genauso behandelt wie alle positiven Gedanken, Wünsche, Träume und Vorstellungen. Das Unterbewusstsein kann einfach nicht unterscheiden, was es wie stark verwirklichen soll. Es richtet sich einfach danach, wie oft und wie tief ein Gedanke gedacht wird.

Deshalb ist es für Sie an diesem Punkt notwendig, wieder eine Entscheidung zu treffen: Welches Ziel nehme ich mir vor?

Sie suchen sich ein Ziel aus und formulieren es positiv und spezifisch. Das bedeutet, Sie sagen nicht: „Ich rauche nicht mehr" oder „Ich möchte keine Schulden mehr haben", sondern Sie formulieren es so:

„Ich lebe gesund und aktiv."
„Geld fließt in Fülle in mein Leben."

Betrachten Sie die Liste Ihrer Illusionen: Was „reizt" Sie am meisten? In einem Bereich sollte immer nur ein Ziel vorherrschen. Wie Sie dieses erreichen, werden wir in den nächsten Kapiteln genauer beleuchten. Doch lassen Sie sich dieses Zitat Otto von Bismarcks eine kleine Leitregel sein:

„Erfolgsregel: Ich jage nie zwei Hasen auf einmal."

Man kann nicht auf mehreren Hochzeiten tanzen. Und so wie eine Schrotflinte viele kleine Löcher „schießt", sollte die volle Kraft auf EIN Ziel gelenkt werden, um durchschlagenden Erfolg zu erzielen.

Sie werden durch die Erfolgslektionen sehr viel über die Gesetze und Mechanismen des Lebens und des Erfolges lernen. Doch auch Ihre innere Beurteilung des Gelesenen spiegelt Ihre Haltung wider. Wenn Sie auf Abstand gehen oder denken: „Egal, was da steht, ich kann wenigstens damit Geld verdienen", dann werfen Sie die „bessere" Hälfte weg. Denn natürlich sollen und werden Sie damit Geld verdienen. Je nach Aktivität eventuell sogar sehr viel. Doch dauerhaftes Glück basiert noch auf einer tieferen Ebene. Geld ist nur der äußere, sichtbare Beweis, dass Sie auf „Erfolgskurs" sind.

Da Sie jetzt wissen, wie notwendig es ist, täglich seine Gedanken zu prüfen, legen Sie überall Ihren neuen Maßstab an: Was soll mir da wieder eingeredet werden? Was kann ich davon lernen?

Nehmen Sie Ihr „Hauptziel“, das Sie sich ausgesucht haben, und schreiben Sie es auf einen Zettel, groß und deutlich. Wenn es verwirklicht ist, schreiten Sie zum nächsten Ziel.

Jetzt können Sie sich schon innerlich auf den nächsten Schritt vorbereiten, denn in der Erfolgslektion Nr. 3 erfahren Sie, wie Sie jedes Ziel, das Sie sich auch immer für Ihr Leben ausgesucht haben, verwirklichen werden: „Durch Konzentration zum Erfolg.“

Zum Auswendiglernen:

„Der Mensch ist so, wie er in seinem Herzen denkt.“

(Sprüche 23,7)

Erfolgslektion Nr. 3: Durch Konzentration zum Erfolg

Kennen Sie die Filmszene aus „Das lustige Leben der Tiere", in der gezeigt wird, wie ein Tautropfen zur Lupe werden kann, sodass durch Sonnenstrahlen das dürre Gras eines Vogelnestes entzündet wird? Schließlich steht der ganze große Baum in lodernden Flammen.

Genauso verhält es sich mit unseren Gedanken. Erst sind es nur kleine Gedankenfünklein, die irgendwo herumirrlichtern. Doch aus dem kleinsten Gedankenfünklein kann ein loderndes Feuer werden, können größte Taten erwachsen, wenn der Gedanke entsprechend genährt wird.

Die Konzentration auf jeden beliebigen Gedanken macht diesen groß und mächtig.

Nehmen Sie sich nun Ihr Ziel vor, das Sie in der letzten Lektion bestimmt haben. Es bleibt nur ein flüchtiger Gedanke, wenn Sie nicht bewusst die Entscheidung treffen: Dieses Ziel lasse ich nicht mehr aus den Augen!

Sie benötigen dafür die Macht der Konzentration.

Gebündelte Kraft wird immer durchschlagenden Erfolg haben. Dieses physikalische Gesetz gilt auch für Ihren Erfolg. Sie verstärken genau die Gedanken, exakt das Ziel, das Sie sich wünschen, und vernachlässigen einfach alle Gedanken, die Ihnen Schlechtes bringen, weil sie destruktiv oder negativ sind.

Aber wie bewerkstelligen Sie das?

Konzentration ist ein abstrakter Begriff. Deshalb müssen wir noch mal darauf zurückkommen, wie Ihr Unterbewusstsein arbeitet: Dort wird JEDER Gedanke registriert. Doch Gedanken, die mit GEFÜHLEN aufgeladen sind, werden stärker beachtet.

Gefühle entstehen in Ihrem Inneren durch BILDER, aber auch durch Farben, Gerüche, Bewegungen. Das heißt, alles, was Sie sich plastisch und möglichst lebensecht vorstellen, wird in ganz anderer Weise von Ihrem Unterbewusstsein zur Verwirklichung gedrängt als graue, flüchtige oder statische Gedankenspuren.

Dies ist der Grund, warum viele Menschen im Alltagstrott versinken. Im Fernsehen, in Gesprächen, in den Zeitschriften: Überall werden Krankheit, Not und Elend bunt und grell dargestellt. Wenn sich nun jemand ein besseres Dasein wünscht, dann traut er sich gar nicht, diesen Gedanken zu pflegen, denn er meint, diese Anwandlungen seien von vornherein zum Scheitern verurteilt.

Erinnern wir uns an das Gesagte: Wir können bewusst entscheiden, welchen Gedanken wir hegen. Wir können unsere Aufmerksamkeit auf jeden beliebigen Punkt lenken. Und wir können dort verharren, wo wir wollen. Immer, wenn wir unsere inneren Bilder mit Gefühlen verstärken, dann nehmen diese eine immer festere Form an, bis sie in der Realität sichtbar werden.

Auch unsere Gefühle können wir lenken.

Nehmen wir ein Beispiel: Sie stellen sich vielleicht vor, mit Ihrem Traumpartner zusammen zu sein. Je mehr Sie sich in diesen Gedanken hineinsteigern, umso mehr beherrscht dieser Sie. Je öfter Sie sich in die Situation hineinversetzen, wie Sie sich küssen, umarmen, lieben, umso „berauschter" werden Sie. Kennen Sie das Gefühl des frisch Verliebtseins? Sieht man da nicht alles mit der bekannten rosaroten Brille.

Selbst große Schwierigkeiten erscheinen klein, man schwebt auf Wolke sieben und ist „blind vor Liebe“ für die Unannehmlichkeiten dieser Welt.

Genauso verstärken Sie Ihre Konzentration durch Gefühle, bis Ihr Ziel Ihr Leben so bestimmt, dass Sie auf Flügeln dorthin getragen werden, wo Ihr Ziel ist.

Doch genauso wie beim Wassertropfen, der die Sonnenstrahlen bündelt, sieht man anfangs lange (fast) nichts. Es dauert einige Zeit, bis der Verdichtungsprozess so weit fortgeschritten ist, dass es „zündet“. So wird jede Idee, jeder Gedanke und jedes Ziel genau dadurch Wirklichkeit, dass Sie sich bewusst dafür entscheiden und sich nun auf dieses Ziel konzentrieren. Durch bildhafte Vorstellungen schüren Sie Ihre Gefühle und bewirken so eine Konzentration und Verdichtung von Energie, dass Ihr Unterbewusstsein „automatisch“ alles in Bewegung setzt, damit Ihr Ziel erfüllt wird.

Wenn Sie das begriffen haben, fehlt eigentlich nur noch eines: die ständige Wiederholung. Dies mag wieder viel zu einfach klingen. Doch hier steckt das Erfolgsgeheimnis überhaupt, wenn es um die Erlangung eines Zieles geht.

Auf welche Art und Weise Sie Ihr Ziel bildhaft und gefühlsgeladen wiederholen, ist unwichtig. Manche schreiben es immer wieder auf, andere hören ihre eigene Stimme auf einem Kassettenrekorder immer wieder an.

Sie können sich auch einfach bildhafte Szenen wie in einem Film vorstellen. Wie Sie sich bereits in der Situation befinden, die Sie sich wünschen. Alle Einzelheiten stehen Ihnen klar vor Augen: Sie sind in einem schönen Haus, lachende Kinder toben herum, Ihr Ehepart-

ner kommt und lächelt Sie an, Sie umarmen sich, Sie steigen in Ihr Wunschauto und brausen über die Strandstraße ...
In diesem Zusammenhang wollen wir noch mal kurz auf Geld zurückkommen. Geld als Papier oder Münzen besitzen für sich selbst genommen nur wenig emotionale Zugkraft, doch die Werte, die dahinterstecken, sind randvoll mit dichten Grundgefühlen: Sicherheit, Erfolg, Anerkennung, Zufriedenheit, Unabhängigkeit usw.

Deshalb ist es immer wichtig, dass Sie Geld nicht als bloßen Selbstzweck sehen. Sie müssen eine positive Einstellung zum Geld entwickeln. Sehen Sie die Werte dahinter. Auch wenn Sie anderen Menschen Gutes tun wollen, wird sich dies in einem Geldbetrag darstellen lassen.

Geld ist Ihr Mittel zum Zweck, um Sicherheit, Erfolg, viele schöne Dinge und tausend Sachen mehr zu erlangen. Selbst Zeit ist, nach einer Redensart, Geld. Doch sollte es nicht so sein, dass Sie keine Zeit haben, weil Sie dem Geld nachjagen müssen. Das Geld kommt zu Ihnen, wenn Sie ihm die Türe öffnen. Stellen Sie sich deshalb nicht eine Menge von Geldscheinen vor, in denen Sie wie Dagobert Duck baden. Sondern versetzen Sie sich gefühlsmäßig in Situationen, die zwar Geld benötigen, um so ablaufen zu können, die aber nicht durch das Geld bestimmt sind.

Erfolg ist mehr, als viel Geld zu haben. Doch Sie werden viel Geld haben, wenn Sie Erfolg haben – eine ganze Menge mehr. Deshalb ist dieser Erfolgskurs zwar auch auf Geld ausgerichtet, aber nicht als Selbstzweck.

Als kurze Zwischenbilanz für die ersten drei Lektionen können wir festhalten:

- Sie entscheiden sich für Ihren Lebenssinn, bestimmen Ihre Lebensziele und filtern die Hauptziele heraus.
- Durch Konzentration verstärken Sie Ihre bewusste Entscheidung. Sie schreiten zur Tat und durch ständige Wiederholung erreichen Sie höchste Ziele.

Mit dieser Einführung haben Sie schon das Handwerkszeug beisammen, um zu beginnen. In den nächsten Lektionen verfeinern und vertiefen wir noch viele weitere Aspekte. Sie wissen jetzt auch, dass es sinnlos ist, sich zu verzetteln.

Nun kann man vielleicht nicht sofort erfassen, welche ungeheuren Auswirkungen auf Ihr Leben bereits das bis jetzt Gesagte haben kann, wenn Sie nach dessen Prinzipien vorgehen. Deshalb führen die nächsten Kapitel Sie Stufe um Stufe zu weiteren Erkenntnissen. Diese werden durch Übungen abgerundet, sodass das neue Wissen einfach und wirkungsvoll anwendbar ist.

Jagen Sie zwei Hasen auf einmal? Oder ist alles nur ein flüchtiger Gedanke?

Warum nicht auch hier die erworbenen Erkenntnisse anwenden?

Denken Sie immer auch an andere. Die goldene Regel dafür ist:

Zehn Prozent der Einnahmen für Bedürftige

Diese Regel sollten Sie nicht aus den Augen verlieren, denn Sie wollen ja, dass Ihnen das Geld ein **dauerhafter** Segen ist.

Oder kennen Sie dieses Prinzip noch nicht? Vielleicht ist sogar das der Grund dafür, dass Sie in der Vergangenheit noch zu keinem dauer-

haften Erfolg gefunden haben: Geben Sie 10 % ab! Beginnen Sie heute damit und Sie werden reicher und reicher.
Nicht nur in der Bibel gibt es diesen Gedanken vom „Zehnten", den man abgeben soll. Viele moderne Erfolgslehrer wie Murphy oder John Lester haben diesen Idee aufgegriffen und gezeigt, wie mächtig das Prinzip „Geben ist seliger denn Nehmen" zu Ihrem Vorteil wirken wird, wenn Sie es anwenden.

Wenn Sie noch nicht über die hier wirkenden Zusammenhänge Bescheid wissen, empfehle ich Ihnen als begleitende Literatur das Buch von John Lester: „Nie mehr Geldsorgen", das auch auf die Prinzipien, die in den ersten drei Lektionen angesprochen wurden, detaillierter eingeht. Für 10 Euro können Sie das Buch (126 Seiten) formlos vom Autor anfordern (solange Vorrat reicht).

Doch bis zur nächsten Lektion, die Ihnen **auf dem Weg nach oben** den entscheidenden Stolperstein aus dem Weg räumt, an dem viele scheitern, OBWOHL Sie die beschriebenen Denkgesetze kennen, denken Sie über sich selbst nach: Welche Gedanken lassen Sie in Ihrem Innern wachsen? Wo stehen Sie heute, wo werden Sie morgen stehen?

Vergessen Sie nie:

Was du denkst, das wirst du.

Erfolgslektion Nr. 4: Auf dem Weg nach oben

Was Sie in den ersten 3 Lektionen kennengelernt haben, ist das Rüstzeug, die Grundlage mit der Sie Ihr Denken so ausrichten können, dass es Ihren Wünschen und Vorstellungen entspricht.

Diese Gesetzmäßigkeiten werden Ihnen auch in einer großen Anzahl von Spezial- und Fachbüchern nähergebracht.

Dies war, wenn man so will, die „Pflicht" – doch jetzt kommt die „Kür".

Soweit es auf diesen wenigen Seiten möglich ist, werden Sie in tiefere Zusammenhänge eindringen, die Ihnen Aufschluss darüber geben werden, warum 95 % aller Anwender von Erfolgsmethoden TROTZ Befolgung der vielen guten Ratschläge oft nicht den durchschlagenden Erfolg in Ihrem Leben finden.

Es wäre ja so einfach: „Denk positiv und alles läuft von allein!" Noch vor 20 Jahren haben dies viele moderne Erfolgslehrer für das Nonplusultra gehalten. Natürlich stimmt es. Aber positiv denken fällt vielen Menschen aus irgendwelchen Gründen schwer.

Und hier wollen wir ansetzen.

Es ist kein Zufall, dass Sie diese Zeilen lesen. Nicht jeder Mensch bildet sich weiter, was sein eigenes Fortkommen anbelangt. Sie beweisen mit Ihrer Lektüre, dass Sie wachsen wollen, weiter vorankommen, nach OBEN, immer weiter schreiten wollen.

Es gibt natürlich auch Gründe, die dies bislang noch nicht so Wirklichkeit werden ließen, wie Sie es sich gewünscht hätten. Doch ein Grund, warum viele Menschen nur so wenig vorankommen, liegt darin, dass sie es tief in ihrem Innern eigentlich gar nicht „wollen". Natürlich wollen sie mit Ihrem Wachbewusstsein reicher, schöner, begehrenswerter, gesünder, zufriedener und angesehener sein. Es ist diesen Menschen – und es ist die Mehrheit – durchaus ernst mit dem Bemühen, voranzukommen. Dennoch scheint es ein Naturgesetz zu sein, dass trotz alledem nur 5 % wirklichen, echten, sichtbaren, dauerhaften Erfolg erringen.

Sie lernen noch verschiedene Gründe und Mechanismen kennen, die hier eine Rolle spielen. Doch der Stolperstein, den viele Menschen übersehen, ist ganz einfach der, dass sich etwas in Ihrem Innersten sträubt, WIRKLICH erfolgreich zu werden. Man teilt sich auf diese Weise selbst unbewusst nur ein kleineres Stück vom Kuchen zu, als man bekommen würde, wenn man mehr fordern würde.

Hier sitzt eine tiefe Grundangst vor dem Erfolg, die verbreiteter ist, als man annimmt. Vielleicht liegt es in der Natur des Menschen, Veränderungen gegenüber misstrauisch zu sein.

Wenn ich wirklichen Erfolg habe, so suggerieren unbewusste Ängste: Was kommt dann auf mich zu? Kann ich das schaffen? Was denken meine Freunde, meine Nachbarn über mich? Vielleicht habe ich den echten Erfolg gar nicht verdient. Ach, bleibe ich einfach dort, wo ich immer war, irgendwie wird es schon weitergehen.

Das versucht Ihnen ein kleines Männchen ins Ohr zu flüstern, wenn Sie am Tor stehen und eigentlich eintreten wollen. Doch es verbirgt sich eine geheimnisvolle Welt dort im Unbekannten. Das Sicherheitsbedürfnis, das uns so oft hilft, überhaupt zu überleben, spielt uns hier einen kleinen Streich. Was täglich unser Leben absichert, eine gesunde Furcht vor dem Unbekannten, hemmt uns an dieser Stelle, genau das zu tun, was uns den entscheidenden Schritt vorwärtsbringt.

Es gibt auch ein allgemeines Schuldgefühl. Durch Erziehung, durch die Gesellschaft wird den kleinen Kindern immer wieder eingeredet: „Du bist noch so klein“ – „Pass auf, dass du nichts falsch machst“ – „Das kannst du noch nicht“ – „Bleib schön ruhig sitzen“ – „Deine Flausen werden wir dir schon noch austreiben“ usw. usw. Der erwachsene Mensch lebt in seinem Innern noch nach den Mustern seiner Kindheit: „Oh, hier könnte ich einen Fehler machen. Lieber unternehme ich nichts. Lieber warte ich noch ab.“

Ohne religiöse Überlegungen anzustellen: Die Angst, zu „sündigen“, etwas Unpassendes oder Falsches zu tun oder zu denken, hemmt viele Menschen, den Erfolg wirklich mit ganzem Herzen anzustreben.

Obwohl das Wachbewusstsein dafür ist, ohne Sorgen, reich und gesund, glücklich und zufrieden zu leben, sträubt sich tief drin in jedem eine Menge von Ängsten, Schuldgefühlen und Bedenken.

Sie werden lernen, hier mehr und mehr „reinen Tisch zu machen“. Die Brücke ist hier wieder Ihr Gefühl, doch diesmal vom Verstand geleitet.

Denn Sie wurden als perfektes System geschaffen, das Großes schaffen kann. Über Ihr Gehirn können Sie die Situation analysieren. Denn jetzt sind Sie am Drücker, eine Schaffenspause ist angesagt. Sie nehmen sich selbst ins Blickfeld und überlegen: Was passiert, wenn es so kommt, wie ich will? Wenn meine kühnsten Träume Wirklichkeit werden? Bin ich dann noch der, der ich sein will, ... oder werde ich erst dann der, der ich eigentlich bin?

Nehmen wir als Beispiel nur einmal die Angst vor Fehlern: Um nichts falsch zu machen, machen die meisten Menschen lieber gar nichts. Die Angst, zu versagen oder etwas zu tun, was gesellschaftlich nicht anerkannt ist, lähmt viele. Im eigenen Gedankengebäude ist alles so schön und rund, doch erst in der Realität beweist sich die innere Stärke.

Sie müssen, tief in Ihrem Innersten, wissen, dass Sie zum Glück berufen sind. Sie werden noch viele Techniken kennenlernen, die Ihnen die Ängste und Vorbehalte nehmen und weitere Dimensionen eröffnen.

Doch für heute legen wir unser Augenmerk auf unsere Bestimmung: Ihre Wünsche, Ihre Ziele sind Ihnen von Gott eingegeben. Es ist gar nicht möglich, dass Sie versagen.

Was passiert, wenn es nicht so klappt, wie Sie es sich wünschen? Was, wenn Sie Fehler machen, wenn Probleme oder Schwierigkeiten auf Sie zukommen? Jetzt einfach aufzugeben und sich zu sagen: „Schuster bleib bei deinem Leisten“ oder „Was ich habe, genügt mir“, wäre genau die falsche Reaktion.

Das Leben ist so bunt und vielfältig und mit jedem Schritt, den Sie unternehmen, lernen Sie neue Facetten davon kennen. Auch wenn es ein Schritt in die falsche Richtung war: Sie sind um wertvolle Erfahrungen reicher.

So wenig wie das Glück dauerhaft ist, so wenig ist das Unglück dauerhaft.

Eine sorgfältige Abwägung der Risiken ist natürlich unerlässlich. Aber wenn Sie einfach deshalb, weil Sie sich zu „klein“ fühlen, den großen Erfolg für sich nicht in Anspruch nehmen, lassen Sie das Beste liegen. Schuldgefühle und Ängste besiegt man, indem man seine eigenen Motive durchforscht.

Bei uns herrscht ein tiefes Misstrauen gegenüber Menschen, die viel Geld haben. Viele denken, der muss durch unsaubere Geschäfte an seinen Reichtum gekommen sein. Oder wenn jemand im Lotto gewinnt, verleitet ihn sein Unterbewusstsein, den Gewinn zu verschleudern, weil er im Innersten denkt, er habe dieses viele Geld ja eigentlich nicht „verdient“. Geld bzw. viel Geld wird oft als etwas „Anrüchiges“ empfunden.

Wie sollen nun Sie zu viel Geld kommen, wenn Ihnen Ihr Innerstes – vielleicht aufgrund von anerzogenen Vorurteilen – sagt: Geld ist etwas Schlechtes.

Wenn Sie Ihren Erfolg auf einem Nutzen für die Menschheit aufbauen und bereit sind, auch Gutes damit zu tun (siehe Lektion 3: „Den Zehnten abgeben ...“), dann können Sie in sich die Überzeugung wachsen lassen, dass Ihnen ALLES zusteht, was Sie verdienen werden.

Die Schuldgefühle, die Sie davon abhalten könnten, wirklichen Erfolg zu erzielen, sind das Produkt einer jahrtausendealten Unterdrückungsmaschinerie, die in den Köpfen der Menschen – besser in Ihren Herzen – weiterleben. Dabei wissen Sie selbst am besten, wie ehrlich Sie es meinen. Natürlich waren Sie als Kind einmal „unfolgsam“. Natürlich haben Sie versucht, Ihren Willen durchzusetzen.

Werden Sie wieder so unschuldig wie ein Kind. Alles, was man Ihnen eingeredet hat, was Sie nicht tun sollen, war doch nur der Versuch, bestimmte Machtverhältnisse aufrechtzuerhalten. Befreien Sie sich von Vorbehalten, die Ihnen gar nicht mehr bewusst sind.

Egal, wie Sie über Religion denken, die Schuldgefühle, die Sie hemmen, gibt es – zu Unrecht. Wenn es einen Sinn im christlichen Glauben gibt, dann den, dass Jesus für uns alle Schuld getilgt hat. Denn wenn Ihre Motive ehrlich sind, haben Sie auch den Erfolg ehrlich verdient.

Auch ohne große „Plage“, ohne sich aufzuarbeiten. Leicht und fröhlich.

Diesen Aspekt werden wir in unserer nächsten Lektion „Ursache und Wirkung" noch genauer beleuchten. Doch nie und nimmer sollten Sie sich unsichtbare Fesseln gefallen lassen, die aus völlig anderen Zusammenhängen herrühren. Sie haben ein Recht auf Erfolg, denn Sie nutzen ihn zum Wohle der Menschheit. Dies müssen Sie sich immer vor Augen führen. Dann kommt es nur noch darauf an, wie viel Sie „verlangen" und wie viel Sie zu „geben" bereit sind.

Schwierigkeiten und aufkommende Probleme sind ein anderes Kapitel. Darauf werden wir noch gesondert eingehen. Doch die Schwierigkeiten, die Sie haben werden, die Unbequemlichkeiten, die Sie vielleicht(!) erleben werden, wenn Sie den vollen Erfolg auskosten, sind von ganz anderer Qualität als die Schwierigkeiten, die Sie tagtäglich haben, weil Sie KEINEN Erfolg haben.

Natürlich bereitet es ein gewisses Unbehagen, neue Wege zu gehen. Aber in der alten Armut zu bleiben ist noch viel unbehaglicher, wenn auch gewohnt und bequem. Richten Sie sich auf und schreiten Sie voran. Lassen Sie alle Ängste und Schuldgefühle hinter sich und werden Sie sich bewusst, dass es Ihre Pflicht ist, den größten Erfolg zu WOLLEN, wirklich zu wollen und wirklich anzustreben und nicht bei ein paar Tagträumereien stehen zu bleiben.

An diesem Punkt beginnt die Entscheidung, ob Sie es selbst mit sich ernst meinen. Sie haben ein Recht auf Glück und Sie sind auch für die Ihren verantwortlich.

Haben Sie keine Angst. Sie handeln im Einklang mit dem Kosmos, wenn Sie das Größte erreichen wollen. Ihre Bestimmung ist nicht Armut und Krankheit, sondern Glück und Erfolg. Ihre Leistung besteht zuerst darin, dies ganz einfach „anzunehmen".

Fordern Sie Ihren Anteil. Benutzen Sie die Techniken aus den ersten drei Lektionen, ohne Angst zu haben, der Erfolg könnte sich wirklich einstellen.

„Niemand weiß, was er tun kann, bis er es probiert hat."

(Publilius Syrus, römischer Dichter)

Erfolgslektion Nr. 5: Ursache und Wirkung

Eines der fundamentalsten Erfolgsgesetze ist das – eigentlich aus der Physik stammende – Gesetz von Ursache und Wirkung. Es wurde in vielerlei Weise formuliert, auch in der Bibel. Doch so selbstverständlich es klingen mag, die Weisheit

„Was du säst, wirst du ernten“

scheint noch immer nicht in den Köpfen und Herzen verankert zu sein.

Was immer in unserem Leben Probleme, Schwierigkeiten oder Nöte verursacht, hat seine Ursache in der Vergangenheit. Was immer uns Freude, Glück, Segen bringt, hat seine Ursache. Was müssen wir daraus folgern, wenn wir an morgen denken? Natürlich, dass wir heute die Ursachen setzen, die morgen die gewünschte Wirkung erzielen. Es hilft also nichts, wenn wir uns beklagen, über irgendwelche Umstände oder Begebenheiten jammern oder die Schuld auf irgendjemand schieben.

Vielleicht haben Sie aus der letzten Lektion noch den Begriff „Schuld“ im Gedächtnis. Warum sprechen wir dann von „Ursachen“, wir könnten ja auch „Verschulden“ sagen.

Doch genau das ist der Unterschied: „Ursache“ ist ein neutrales Wort, das genau beschreibt, um was es geht. Wenn wir uns oder anderen „Schuld“ zuweisen, dann treffen wir den Punkt eben nicht. Denn es

geht nicht um Schuld, es geht um Folgerungen, folgerichtige Zustände, die er-FOLGEN, wenn bestimmte Ursachen gesetzt werden.
Um jetzt einer leidigen Diskussion vorzubeugen, die IMMER an dieser Stelle kommt: Natürlich gibt es viele, ja sogar sehr viele „Ursachen", die vor unserer Zeit gesetzt wurden. Weder den Ort unserer Geburt noch unsere Eltern, Geschwister oder Anlagen konnten wir uns aussuchen.

Doch alles das, was wir tagtäglich daraus machen, liegt in UNSERER VERANTWORTUNG. Was sollen denn Ausreden, wenn wir wissen, dass wir unser Leben selbst leben müssen und NIEMAND uns irgendetwas abnimmt. Es hat also keinen Zweck, aufzurechnen, was von außen verursacht wurde, ohne unser Zutun.

DAS können wir ja nicht mehr ändern.

Aber uns und unsere Denkgewohnheiten können wir jederzeit ändern. Und wenn Persönlichkeitsentwicklung einen Sinn hat, dann den, dass WIR uns ändern können, nicht den, dass wir aufzählen, warum Dinge, die wir nicht mehr beeinflussen können, unser Leben (auch) bestimmen.

Mit jedem Tag, der verstreicht, steigt der Anteil unserer EIGENVERANTWORTUNG und spätestens, wenn man „erwachsen" ist, ist der überwiegende Teil unseres Lebens von uns allein bestimmt, von ***unserem*** Denken und Handeln.

Also: Wir beschränken uns auf die Dinge, die **wir** beeinflussen können.

Denn deren Macht und Anzahl ist größer, als gemeinhin angenommen wird.

Mit jedem Gedanken, mit jeder Handlung HEUTE, setzen Sie die Ursachen für MORGEN. Sie wissen bereits, dass Sie durch bewusste Entscheidung und Konzentration jeden beliebigen Punkt ansteuern können. Bei dem Gesetz von Ursache und Wirkung müssen wir nun einige Dinge beachten: Da ist zum einen die HEBELWIRKUNG. Schon mit kleinsten Anfängen kann man große Dinge „bewegen", sowohl ins Positive wie ins Negative. Das Wort des griechischen Philosophen Archimedes:

„Gebt mir einen festen Punkt und ich hebe die Welt aus den Angeln",

drückt genau das aus. Er wusste noch nicht, dass dieser feste Punkt IN UNS ist! Wenn wir einen Entschluss gefasst haben, ein festes Ziel vor Augen haben, unseren Lebenssinn bestimmt haben, dann HABEN wir diesen festen Punkt.

Und mit diesem KÖNNEN wir die Welt aus den Angeln heben, wenn wir wollen.

Wenn Sie das Gefühl haben, Ihnen fehlt noch etwas, um sagen zu können, dass Sie diesen festen Punkt besitzen, dann sollten Sie die folgenden Lektionen noch sorgfältiger lesen, was Ihnen helfen wird, diesen Punkt zu finden.

Diese Hebelwirkung ist etwas Großartiges, wenn man erkannt hat, dass schon mit kleiner Energie Großes geschaffen werden kann. Die Verkrampfung schwindet, und es ist nicht mehr nötig, sich furchtbar anzustrengen. Durch gezielten Einsatz der Denktechniken erreichen Sie mit weniger Energie mehr! Dazu finden Sie weitere konkrete Anweisungen in der Lektion 6: „Entspannung – Gelassenheit".

Wir bleiben noch bei unserem Thema „Ursache und Wirkung". Um die gewünschte Wirkung zu erzielen, benötigt man immer eine bestimmte kritische Energie. Es ist genau wie beim Zünden einer Atombombe: Solange die Masse nicht ausreicht, passiert überhaupt nichts. Kommen aber die Teile so zusammen, dass der Prozess einsetzt, wird gewaltige Energie frei. Diese kritische Masse gibt es analog bei menschlichen Zielen. Deshalb ist es so wichtig, dass man sich nicht verzettelt oder die hineingesteckte Energie wieder abschwächt, indem man die Gedanken zurücknimmt oder sich in Selbstzweifeln auffrisst.

Es ist ermüdend und deprimierend, wenn man das Gefühl hat, sich im Kreis zu drehen. Diesen Teufelskreis durchbricht man mit dem Feuer der Begeisterung. Dies behandeln wir ebenfalls später in Lektion Nr. 7 genauer.

Welche Ursachen setzen SIE? Um frei daranzugehen, das Beste aus seinem Leben zu machen, ist es notwendig, reinen Tisch zu machen. Es gibt im Leben eines jeden Menschen Dinge, die ihn hindern, mit voller Kraft vorwärtszuschreiten.

Hier spielt ein eigenartiger Mechanismus eine entscheidende Rolle: Wenn Sie gelernt haben **zu vergeben**, sich selbst und anderen, dann haben Sie Kraftreserven frei, um Ihren eigenen Erfolg zu verfolgen. Es ist nämlich nicht möglich, mit Groll oder negativen Gedanken die eigenen Früchte zu ernten.

Haben Sie Menschen oder Vorkommnisse in Ihrem eigenen Leben, die Ihnen in Gedanken „Schwierigkeiten" bereiten? HEGEN Sie auf irgendwas oder irgendwen einen unbändigen Hass oder Groll? Lassen Sie diese Gedanken frei. Dies gelingt nur durch Vergebung. Vergeben Sie denen in Gedanken, die Ihnen Schlechtes angetan haben. Vergeben Sie sich selbst Ihre Fehler. Und fangen Sie dann neu an.

Je gründlicher Sie diese Macht der Vergebung einsetzen, umso leichter kommen Sie voran. Krankheit, Kummer, Armut haben Ihre Ursache(!)

sehr oft in Groll, Hass oder versteckten Gefühlen voller Missgunst, Ärger etc. Es gibt eine einfache Technik der Vergebung: Wünschen Sie den anderen Gutes. „Segnen“ Sie Ihre Feinde („Tut wohl denen, die euch hassen“).

Sie können nicht für sich selbst das Beste anstreben und anderen Schlechtes wünschen. Ihr Unterbewusstsein kennt nicht den Unterschied zwischen Ihnen und den anderen. Wenn Sie jemand anderen etwas Schlechtes wünschen, kommt dieses zu Ihnen, nicht zu dem andern. Wenn Sie den anderen von ganzem Herzen GUTES wünschen (auch Ihren Feinden), dann kommt das Gute zu Ihnen!

Dies ist ein Zusammenhang, der gern übersehen wird. Jesus hat uns dieses Gesetz aufgezeigt, es wird allerdings kaum verstanden. Wie viele Menschen beten: „Und vergib uns unsere Schuld, wie auch wir vergeben unseren Schuldigern“ – aber wer erkennt den Zusammenhang, dass UNSER Vergeben **vor** dem steht, dass uns vergeben wird?

Ursache und Wirkung. Die obigen Ausführungen gehen schon etwas tiefer, als sonst oft an dieser Stelle gedacht wird. Ja, in Wirklichkeit ist dies ein Prozess, der sich das ganze Leben hindurch immer wieder von Neuem ereignen muss. Hier können Sie nicht fertig werden. Hier können Sie nur an sich arbeiten und weiser werden.

Ihre Ursachen, die Sie setzen, haben noch eine andere Qualität. Es ist nicht möglich, nur zum Schein das Beste zu wollen und im Geheimen Tricks oder Unehrlichkeiten anzuwenden. Sogar wenn der Bestseller von Ulrich Wickert „Der Ehrliche ist immer der Dumme“ heißt: Auf einer höheren Ebene ist immer der Unehrliche der Dumme.

Wenn Sie sich bewusst sind, dass alle Ursachen Wirkungen und alle Wirkungen Ursachen haben, dann brauchen Sie nur die Wirkungen zu betrachten, und schon können Sie auf die Ursachen schließen und umgekehrt. Deshalb liegt es an Ihnen, saubere, ehrliche Gedanken zu haben, um saubere, ehrliche Wirkungen zu erzielen.

Hier ist mancher versucht, Abkürzungen zu gehen, doch diese gibt es nicht. Und wenn man es genau betrachtet: Es macht ja gerade die Lust am Leben aus, alle Stationen auszukosten. Ein Bergsteiger hat tausendmal mehr Erfahrungen und Erlebnisse als ein Gondelfahrer, der in 10 Minuten am Gipfel ist, wozu der Kletterer einen Tag braucht.

Sie setzen die Ursachen für Ihren künftigen Misserfolg oder Erfolg. Jetzt. Hier und heute. Immer wieder. Mit jedem Gedanken. Gibt es etwas Schöneres, als das zu wissen?

Und wer ist dann verantwortlich für Ihre heutige Situation? Welche Kräfte werden mobilisiert, um das Morgen zu gestalten?

Wie können Sie z. B. Millionen Euro empfangen, wenn Sie innerlich der Meinung sind, eine solche Summe gar nicht zu verdienen?

Ihre Ursachen sind zuerst Ihre Gedanken, dann Ihr Handeln. Je konzentrierter Ihre Gedanken sind, umso konzentrierter ist Ihr Handeln. Und genau nach diesem Maß tritt die Wirkung ein. Nicht geradlinig, das wäre zu einfach. Ihr Unterbewusstsein wirkt vor Ihrem Denken. Es nimmt Ihre geheimsten Motive wahr und gibt Ihnen nach Ihrem Maß.

Erwarten Sie keine Früchte, keine „Wirkungen“, ohne dafür die richtigen Ursachen zu setzen. Sie müssen den „Preis“ dafür zahlen. Doch wenn Sie gute Gedanken säen, werden Sie gute Wirkungen ernten. Hundert- und tausendfach!

Erfolgslektion Nr. 6: Entspannung und Gelassenheit

In diesem Kapitel lernen Sie, Ihre Energien sinnvoller einzusetzen. So wie wir bis jetzt vorgegangen sind, könnte leicht der Eindruck entstehen, die Verfolgung Ihrer Ziele werde durch eine besondere „Kraftanstrengung“ erreicht.

Das Gegenteil ist der Fall. Nicht ein Mehr an Anspannung führt uns zum gewünschten Erfolg, sondern die weise Haltung der Gelassenheit. Diese kann man lernen und das ganze Leben lang muss man sich erneut darum bemühen. Durch Entspannung und Gelassenheit erreichen Sie mit weniger Aufwand weit mehr.

Gelassenheit ist die Haltung der Weisen. Sie hat nichts mit Gleichgültigkeit zu tun, dies wäre die negative Kehrseite. Gelassenheit bedeutet, den Dingen den Platz zu geben, der ihnen zusteht. Immer wenn Sie etwas über- oder unterbewerten, versuchen Sie, in verkrampfter Haltung etwas zu verrücken, was Sie nicht verrücken können.

Warum ist Gelassenheit so wichtig? Der Erfolg kommt zu Ihnen. Wenn Sie ihm nachlaufen, jagen Sie ihn davon. Sie müssen sich immer mehr anstrengen und erreichen immer weniger. Ihre Muskeln verkrampfen sich, bis der Körper verspannt ist, an der einen oder anderen Stelle stärker, je nach Problem. So stellen sich im Laufe der Zeit Verspannungen, Kopfschmerzen, Migräne, Rückenprobleme usw. ein. Ihr Puls läuft ständig etwas schneller, als er eigentlich müsste, der Blutdruck steigt, die Adern und das Herz werden unter einen etwas zu hohen Druck gesetzt. Langfristig Folgen sind nervliche Überbeanspruchung, Stress, Gereiztheit, Herzprobleme, chronische Rückenschmerzen, schließlich

Herzinfarkt, Schlaganfall, Entzündungen, Nervenzusammenbruch, Depressionen oder Krebs.

Dies ist kein Schauermärchen aus 1001 Nacht, dies ist die Wirklichkeit. Sehen Sie sich die Statistik der häufigsten Krankheiten und Todesursachen an: Von Selbstmord über Gallenprobleme, Herz-, Kreislauferkrankungen bis zu Alkoholismus und anderen Süchten sowie Nervenproblemen wird (fast) jede Krankheit – neben der weitverbreiteten Fehlernährung – von der falschen Haltung bzw. Lebenseinstellung genährt, bis sie zum Ausbruch kommt.

Hier hat die Gelassenheit als wichtigster Ausgleichsfaktor seine fundamentale Bedeutung. Denn Ihr finanzieller und gesellschaftlicher Erfolg hat nur Bedeutung, wenn Sie dabei körperlich und seelisch gesund bleiben bzw. werden.

Was bedeutet nun „Gelassenheit"? Da dieser Begriff wie gesagt nichts mit Gleichgültigkeit zu tun hat, müssen wir uns näher mit ihm beschäftigen: Gelassenheit ist die innere Ruhe, die einkehrt, wenn man sich gewiss ist, dass man GETRAGEN ist, dass es etwas Größeres, Höheres gibt, das alles TRÄGT.

Unsere Sehweise, unsere Wahrnehmung spielt dabei eine entscheidende Rolle: Wie wirkt die Wirklichkeit auf Sie? Wie empfinden Sie die kleinen und großen Dinge, die als Spiegelbild IHRER Wirklichkeit in Ihrem KOPF, in Ihrem KÖRPER einen bestimmten Platz einnehmen?

Diesen Platz weisen SIE den Dingen zu! Und hier gilt es, jedem Ding, in Form eines Gedankens den ***ihm zustehenden Platz zuzuweisen.***

Was empfinden Sie als Problem? Was ärgert Sie?

Worüber freuen Sie sich?

Gelassenheit könnte man auch als ***Gleichmut*** bezeichnen. Sowohl die östlichen Philosophien als auch die griechischen Stoiker haben diese Grundhaltung zum Ziel. Auch Sie können sich diese Haltung des Gleichmuts, der Gelassenheit, mehr und mehr erwerben und sie ausbauen.

Dazu eine kleine Gedankenübung: Stellen Sie sich vor, Sie stehen in der Mitte eines Kreises, der so groß ist wie das Weltall. Was gerade Ihre Gedanken beschäftigt, befindet sich ganz in Ihrer Nähe, also fast in der Mitte des Kreises. Sie befassen sich nun genau mit diesem Naheliegendsten. Dies beschreibt das ernsthafte Auseinandersetzen mit den Dingen des Alltags.

Gleichzeitig denken Sie sich an den Rand des imaginären Kreises. Sie sehen also dies alles aus einer übergeordneten Warte. Hier nehmen Sie die Menschen mit Ihren (anderen) Einstellungen und die anderen Dinge wahr. Alles ist in einer bestimmten Entfernung zu Ihnen.

Diese paradoxe Situation, GANZ nahe und gleichzeitig weit entfernt zu sein, kennzeichnet die Gelassenheit am besten. Dies bedeutet konkret: Eigentlich ist alles gar nicht so wichtig, doch Sie nehmen es so wichtig, wie es nur irgend geht.

Dabei können Sie leicht einige Verschiebungen vornehmen: Sie ziehen möglichst die Dinge, Gedanken, Situationen dicht zu sich in die Mitte des Kreises, über die Sie sich FREUEN können. Der Sonnenstrahl, der warme Sommerregen, die Blume am Wegrand, das Spiel der Wolken – dies alles kann die Quelle für heitere, gelassene Freude sein.

Die Dinge und Situationen, die Sie ÄRGERN, betrachten Sie zur Abwechslung vom Kreisrand aus. Wie wichtig ist die (berühmte) nicht zugeschraubte Zahnpastatube, die als Scheidungsgrund eine größere Bedeutung hat als viele wichtigere Dinge? Wie wichtig ist ein versalzenes Essen, ein verlegter Kugelschreiber? Worüber regen Sie sich auf und warum?

Wie schnell erledigen Sie Ihre Alltagsgeschäfte? Fühlen Sie sich gehetzt? Halten Sie öfter am Tag inne und atmen Sie ruhig durch. Rücken Sie alles wieder „an seinen Platz“. Ärgern Sie sich nicht über unwichtige Dinge, sondern freuen Sie sich über möglichst viele Kleinigkeiten. Dies kann man üben, und es wird Sie entspannter, gelassener, toleranter werden lassen. Jeden Tag ein Stück mehr und Ihre Gesichtszüge entspannen sich. Ihre Atmung geht ruhiger und Sie werden „schöner“ – strahlen mehr Optimismus und Energie aus. So ebnen Sie den Weg für mehr Erfolg auf der ganzen Linie.

Es ist Ihre Entscheidung, wie Sie die Dinge sehen wollen:

„Nicht die Dinge sind positiv oder negativ, sondern unsere Einstellungen machen sie so.“

Epiktet

Körperliche Entspannung und geistig/seelische Entspannung gehen Hand in Hand. Informieren Sie sich (z. B. bei der Volkshochschule) über autogenes Training, progressive Muskelentspannung, Yoga, Atemtraining, TM oder ähnliche Entspannungstechniken.

Wir führen jetzt eine Meditationstechnik an, die Sie ab sofort täglich anwenden sollten. Sie hilft Ihnen, gelassener und seelisch gesünder zu werden, um so mit weniger Aufwand mehr zu erreichen und stressbedingten Krankheiten vorzubeugen.

Die Wassermeditation

Sie nehmen an einem Ihnen vertrauten Ort eine bequeme Haltung ein. Wichtig ist, dass Sie für ca. 12 Minuten ungestört sind. Spätestens am Abend vor dem Schlafengehen machen Sie einfach folgende Übung:

1. Sie schließen die Augen.
2. Sie denken an klares Wasser. Stellen Sie sich einen Teich oder See vor, an dessen Rand Sie stehen.
3. Nun steigt ein Bild in Ihnen auf: reines, klares Wasser, von der Sonne durchdrungen.
4. Sie stehen direkt vor diesem Bild. Die Sonnenstrahlen glitzern im Wasser, das selbst eine leicht grünliche Umgebung hat. Am Grunde des Sees liegen Kieselsteine, die klar voneinander zu unterscheiden sind.
5. Kleine glitzernde Punkte tanzen mit den Wellen.
6. Sie sehen ungehindert bis zum Grunde des Sees. Selten kommt ein Fisch oder ein Wasserinsekt vorbeigehuscht.
7. Es gibt auch farbige Punkte. Irgendwo leuchtet etwas rot, blau, grün oder gelb. Dies sind Dinge, die Sie momentan nicht erkennen, aber alles vereinigt sich zu einem Bild des Friedens und der Klarheit.
8. Verweilen Sie bei diesem Bild.
9. Achten Sie auf Ihren Atem. Atmen Sie ruhig „in den Bauch“, verweilen Sie anfangs bei jedem Atemzug in eingeatmetem Zustand etwa 1–3 Sekunden, dann atmen Sie wieder voll aus.
10. Kommt es zu Veränderungen, die Sie nicht beabsichtigen? Dringt der Alltag mit seinen Sorgen und Problemen durch? Versuchen Sie nicht, irgendwelche Gedanken gewaltsam zu verdrängen, sondern verwandeln Sie alle Nöte, Sorgen, Unzufriedenheit in trübe Sandwolken, die sich im Wasser verziehen, sich auflösen. Und

es bleibt wieder das ruhige klare, tänzelnde Wasser, das Sie zu Beginn gesehen haben.
11. Machen Sie diese Meditationsübung von jetzt an jeden Tag 12 Minuten lang. Anfangs zweimal täglich, später wenigstens einmal am Tag.
12. Rufen Sie auch während des Tages dieses Bild in sich auf und lassen Sie die klaren Wasserspiele in Ihrem Inneren ablaufen, während Sie andere Tätigkeiten verrichten oder mit anderen Menschen kommunizieren.

Sie werden ruhiger, gelassener und haben ganz einfach einen „klaren“ Kopf. Doch was noch wichtiger ist: Wenn Sie in Hektik geraten oder Sorgen sich aufdrängen, erinnern Sie sich an „Ihr“ Wasserbild und alles erscheint in einem anderen Licht. Ihre Mitmenschen werden eine Veränderung an Ihnen feststellen und Sie gewinnen mehr Sicherheit und Selbstvertrauen. Ihr Kopf ist frei, Ihre Seele reinigt sich.

Dies ist ein Prozess, der in Ihrem Innern abläuft und der Sie befähigt, in Zukunft auf einer sicheren Basis Ihr Leben zu gestalten. Negative Empfindungen nehmen ab, positive nehmen zu. Sie brauchen für den Anfang nicht mehr zu tun als diese einfache Meditationsübung. Die Wirkung ist nach wenigen Tagen und Wochen sehr kraftvoll.

Der tiefere Sinn dieser Übung besteht darin, dass sich Ihre Seele reinigt. Wie von selbst fügt sich alles neu. Ihr innerer Dialog, besser: das „innere Geschwätz“, kommt zur Ruhe. Sie finden sich und Ihre Mitte. Mit dieser Übung lernen Sie, im „Hier und Jetzt“ ganz entspannt zu sein. Dies ist für Ihren weiteren Lebensweg von entscheidender Bedeutung.

In gelassenem Zustand sind Sie ein Fels in der Brandung. Sie spüren tiefe Energiequellen, egal, was Sie tun. Sie brauchen dem Erfolg nicht hinterherzuhetzen. Die Gelassenheit wirkt sich auf Ihr Leben in allen Situationen aus: Sie fahren entspannter Auto, sind Ihren Mitmenschen überlegen. Sie schöpfen aus der Tiefe, denn Sie wissen sich GETRAGEN.

FREUDE nimmt einen immer größeren Platz in Ihrem Alltag ein, denn Sie freuen sich über die vielen Kleinigkeiten, die sonst oft übersehen werden: das lachende Kind, das Spiel der Gräser, die Farbe in der Iris Ihrer Mitmenschen (die hochinteressant ist, da jedes Auge ein einzigartiges Kunstwerk ist – achten Sie einmal darauf!).

ÄRGER verschwindet zunehmend aus Ihrem Leben, denn Sie können die kleinen und großen Probleme von einer ganz anderen Warte aus betrachten.

Was Sie als „wirkliche Probleme" empfinden, werden wir in der Lektion 11: „Wegweiser: Krisen – Probleme", noch besonders unter die Lupe nehmen und „auflösen". Für heute haben Sie schon viel gelernt, wenn es Ihnen gelingt, die kleinen Ärgernisse des Alltags in den Griff zu bekommen. Der Ärger über Kleinigkeiten ist nämlich der Energieverzehrer, der Ihnen die Kraft nimmt, Großes zu vollbringen.

Wenn Sie erkannt haben, dass Ihre Wirklichkeit nur EINE Sicht der Dinge ist und die anderen Menschen von ihrem Standpunkt aus betrachtet auch recht haben, dann können Sie auch toleranter und gelassener im Umgang mit Ihren Nächsten werden, und dies bringt Sie weiter, dient Ihrer Karriere genauso wie dem privaten Glück.

Die so erzielte Gelassenheit und der nötige Gleichmut befähigen Sie außerdem, den Erfolg so zu erreichen, wie es ihm gebührt: ausgeruht in Erwartungshaltung.

„Wer also hart und starr ist, stimmt mit dem Sterben überein,
wer nachgiebig und empfänglich ist, stimmt mit dem Leben überein"

Laotse, „Tao te king"

Auf dieser Basis des „Getragenseins" haben Sie den richtigen „Stand", um nach außen frei agieren zu können. Sie verzehren sich nicht in unnötigem Stress – Ihre Energie kann sich auf das Wesentliche konzentrieren, und Ihre Gefühle lenken Sie dorthin, wo Sie diese benötigen: um Ihren Erfolg mit BEGEISTERUNG aufzubauen. Deshalb freuen Sie sich jetzt schon auf die nächste Lektion: „Das Feuer der Begeisterung".

Erfolgslektion Nr. 7: Das Feuer der Begeisterung

„Ohne Begeisterung, welche die Seele mit einer gesunden Wärme erfüllt, wird nie etwas Großes zustande gebracht."

Adolph Freiherr Knigge

In den ersten Lektionen haben Sie gelernt, wie wichtig es ist, Ziele zu formulieren und aufzuschreiben.

Wenn Sie an Ihre Wünsche denken, welches Gefühl kommt in Ihnen hoch?

Wenn es nicht ***Begeisterung*** ist, überdenken Sie Ihre Ziele!

Mit der Begeisterung kommen wir auf unserer Erfolgsreise an eine Schnittstelle. Während wir uns in den vergangenen Lektionen vorwiegend mit uns selbst und unseren Einstellungen befasst haben, schlagen wir mit der Begeisterung die Brücke vom Ich zum Du.

Natürlich können Sie für sich selbst begeistert sein. Aber dies hat wenig Wirkung. Das Ausschlaggebende ist: **Begeisterung steckt an.** Ihre Freunde, Partner, Kunden, Vorgesetzte, Untergebene – alle werden von IHNEN gefühlsmäßig beeinflusst (und umgekehrt).

Und es ist ein großer Unterschied, ob jemand eine Körpersprache der Mutlosigkeit oder der Begeisterung ausstrahlt.

„Um Erfolg zu haben, muss man aussehen, als habe man Erfolg."

Valentin Polcuch, polnischer Publizist

Wer wird mehr Erfolg haben? Der Anwalt, der gelangweilt seinen Mandanten verteidigt, oder der, der voller Enthusiasmus, hoch erhobenen Hauptes, mit kräftiger Stimme die Belange des Angeklagten vertritt? Wer wird schneller gesünder? Ein Patient, der die Unsicherheit seines Arztes spürt oder der von der Begeisterung und dem Glauben an seine Heilung angesteckt wird?

Damit Ihre Ziele keine Illusionen bleiben, müssen Sie diese mit dem Feuer der Begeisterung anstreben. Sie lernen hier einige grundlegende Techniken, damit SIE die Begeisterung ausstrahlen können, die Sie befähigt, höchste Ziele zu erreichen.

Es gibt ein Wechselspiel zwischen Ihrem Körper und Ihrem Gemüt. Wenn Sie begeistert sind, aktivieren Sie Ihre innersten Kräfte. Ihr Immunsystem wird gestärkt, die Mattigkeit und Müdigkeit verschwindet. Sie fühlen Kräfte in sich, die Sie über sich hinauswachsen lassen.

Und wenn Sie nicht begeistert sind?
Dann lernen Sie, die Begeisterung zu steuern.

Um begeistert zu sein, genügt es, begeistert zu handeln. Tun Sie so, als ob Sie begeistert wären, und in wenigen Minuten sind Sie es wirklich. Teilen Sie Ihre Begeisterung den anderen Menschen mit. Diese werden von Ihnen angesteckt und stecken ihrerseits wieder Sie an.

Natürlich ist niemand 24 Stunden am Tag voll Freude und Begeisterung. Die Gefühle schwanken, und es gibt immer Zeiten, in denen man sich mutlos und deprimiert fühlt. Hier entwickeln wir spezielle Fähigkeiten, um zu unterscheiden, ob wir nur momentan abgespannt sind oder ob sich eine generelle Mutlosigkeit breitmacht.

Der deutsche Dichter Friedrich Rückert sagte:

„Ist es nicht Sünde, zu wünschen ohne zu handeln?"

Echte, beständige Begeisterung zu entwickeln ist nicht unbedingt einfach. Es ist eine tägliche Aufgabe.

Gehen Sie dabei systematisch vor:

1.) ***Sie lieben Ihre Ziele, deshalb entzünden Sie in sich das Feuer der Begeisterung.***

2.) ***An jedem Morgen beginnen Sie den Tag mit freudiger Erwartung: „Heute ist ein Tag, der mein Leben bereichert. Ich lebe ganz und nutze meine Chancen."***

3.) ***Motivation ist der Schlüssel zur Begeisterung.***

4.) ***Motivation kommt nicht von außen. Sie kann nur aus Ihren Überzeugungen erwachsen, das Richtige zu tun, zu wünschen.***

5.) ***Ihre Begeisterung ist unabhängig von Ihrem momentanen (bereits sichtbaren) Erfolg.***

6.) Der Unterschied zwischen den 95 % der Erfolglosen und den Erfolgreichen besteht darin, auch dann noch voller Begeisterung zu sein, zu denken und zu handeln, wenn die äußeren Zeichen (momentan) schlecht stehen. (Der Erfolgreiche fängt da, wo der Erfolglose aufhört.)

7.) Ihre Begeisterung bestimmt Ihr Handeln und Ihr Handeln bestimmt Ihre Begeisterung.

8.) Zeigen Sie Ihre Begeisterung dort, wo Sie gerade sind.

9.) Initiative, Handeln und Optimismus erwachsen aus Ihrer Begeisterung.

10.) Es gibt keine Begeisterung ohne Glauben, brennendes Verlangen und die Überzeugung, dass Sie Großes vollbringen werden.

11.) Ihre Ziele sind die Startrampe, Ihre Begeisterung ist der Treibstoff, der Sie, wenn er entzündet wird, auf den Weg bringt und sicher ankommen lässt.

12.) Ihr Mut und Ihre Kraft wachsen mit jeder Tat, die Sie voller Begeisterung vollbringen.

„Die Welt macht dem Mann Platz, der weiß, wohin er geht."

Emerson

Hatten Sie schon einmal Kontakt mit einer der modernen „Wirtschaftssekten". Das sind sektenähnlich aufgebaute Verkäuferstrukturen, die in perfekt inszenierten Vorstellungen versuchen, die zukünftigen und bestehenden Mitarbeiter zu „motivieren". Hier wird gesungen, gestampft und geklatscht. Gebrüllt und gefeiert. Der Teufel scheint los zu sein, und die „Motivationsmaschine" in Gestalt eines „kleinen Mannes, der es geschafft hat", scheint alle in seinen Bann zu ziehen. Und tatsächlich: Wenn die Vorstellung vorbei ist, strahlt jeder über alle Backen, die Gesichter sind gerötet, die Augen leuchten und „jetzt wird die Welt erobert".

Wie so vieles kam diese Art der Unternehmensführung aus den USA und setzte sich in einzelnen Bereichen erstaunlich gut durch. Nur gibt doch zu denken, warum 80 bis 90 % der Mitarbeiter, die dergestalt „motiviert" und aufgebaut werden, nach kurzer Zeit die Flügel hängen lassen und frustriert die Gesellschaft verlassen. Einige Rettungsversuche werden noch unternommen, doch irgendwann ist das Licht aus.

Diese **Fremd-Motivation** basiert auf einigen simplen psychologischen Tricks. Phänomene, die sich bei Massenveranstaltungen einstellen, werden ausgenutzt, und die Schwachheit der Erfolglosen wird in ein kurzfristiges Bad der Gefühle getaucht, was viele zwischen Größenwahn und Versagensängste in einen Strudel der Gefühlsverwirrung stürzt.

Die Fremdmotivation basiert auf zwei grundlegenden Mechanismen: Angst und Belohnung. Wenn man so will, könnte man auch „Zuckerbrot und Peitsche" sagen. Die Menschen, die derart beeinflusst werden, reagieren in bestimmter Weise eine Zeit lang wie gewünscht. Nur ist der Mensch kein Zirkuspferd, das man mit Dressur abrichten kann.

Verwechseln Sie bitte die in diesem Kapitel angesprochene „Begeisterung" nicht mit dieser „Gehirnwäsche". Die Begeisterung, die Sie selbst in sich aufbauen, beruht auf **Selbst-Motivation.** Diese gründet auf Ihrer ureigensten EINSTELLUNG. Sie drückt Ihre Haltung als reifer Mensch aus.

Nebenbei: Wenn Sie in Zukunft in dieser oben beschriebenen Weise gehirngewaschen werden sollen, dann ist es das Beste, Sie machen sich schnell aus dem Staub. Sie werden körperlich und seelisch ausgebeutet, und wenn Sie dann auf einem Scherbenhaufen von unerfüllten Träumen, menschlichen Enttäuschungen und vielleicht auch finanziellem Ruin sitzen, ist es für Sie umso schwerer, Ihre Mitte wiederzufinden.

Enthusiasmus ist eine gute Sache, wenn er auf gesunden Motiven beruht.

„Geistlose kann man nicht begeistern, aber fanatisieren kann man sie."

Marie von Ebner-Eschenbach

Ihr Enthusiasmus, Ihre Freude und Ihre Begeisterung müssen aus Ihrem Herzen quellen. Nicht weil Ihnen jemand etwas aufstülpt, sondern weil Sie gelernt haben, dass man ein Ziel nur erreicht, wenn man hart dafür arbeitet.

Und die Kraft wächst aus der Freude der Pflichterfüllung.

Sie wissen, dass Sie der Menschheit dienen und dass nur dies Ihren Erfolg dauerhaft begründen kann. Deshalb machen Sie sich auf, nach den Worten Tagores:

„Ich schlief und träumte, das Leben sei Freude.
Ich wachte auf und sah: Das Leben ist Pflicht.
Ich erfüllte die Pflicht –
und siehe: Das Leben war Freude."

Vielleicht sind bei manchen diese Worte verpönt. Pflichterfüllung? Was soll das! Leider wurde dieses Wort in früherer Zeit oft missbraucht, um brave Untertanen bei der Stange zu halten. Doch es steckt ein tieferer Sinn dahinter.

Um Ihren Erfolgsweg zu gehen, müssen Sie den Preis bezahlen, die „Pflicht erfüllen" oder, wenn Sie sich an unsere Erfolgslektion Nr. 5 erinnern: die richtigen Ursachen setzen.

Es geht um IHRE Ziele und Wünsche. Doch diese befinden sich nicht in einem luftleeren Raum. Ihre Motivation ist der Ausgangspunkt für Ihren Erfolg und Ihre Begeisterungsfähigkeit. Und Ihre innerste Grundmotivation sollte von tiefer Liebe – zu sich, der Schöpfung, den Mitmenschen – geprägt sein. Hierzu mehr im Kapitel Nr. 19: „Höhere Sinngebung".

Gib jederzeit dein Bestes – einerlei, was du tust!
Arbeite stets besonnen!, bewusst!, ausdauernd
und mit Liebe.
Mach, was du unternimmst, zu deinem Meisterwerk.
Je mehr du dein Werk liebst und dich daran hingibst,
desto größere Wirkungen rufst du hervor
und desto reicher macht es dich –
innerlich und äußerlich!

K. O. Schmidt

Was Sie auch tun: Ihr Erfolg hängt immer von Ihrer Begeisterungsfähigkeit ab. Sie „strahlen" etwas völlig anderes aus, wenn Ihre Grundhaltung von Begeisterung getragen ist. Dazu müssen Sie nicht dauernd grinsen oder in die Hände klatschen. Echte Begeisterung wirkt eine Stufe tiefer und ist nicht von momentanen Gefühlswallungen abhängig. Aber ihre Wirkung ist umso nachhaltiger.

„Nichts ist so ansteckend wie Begeisterung. Sie versetzt Berge und verzaubert Untiere.
Sie ist der Genius der Aufrichtigkeit und die Wahrheit erringt keine Siege ohne sie."

Emerson

Erfolgslektion Nr. 8: „Nutze den Tag!"-Zeitmanagement

„Nutze den Tag!" (von lat.: carpe diem; wörtl.: „Pflücke den Tag") – so lautet der berühmte Spruch des stoischen Philosophen Seneca. Oft als diesseitsorientierte, genusssüchtige Maxime verteufelt, kann uns diese Weisheit doch viel sagen.

NUTZE DEN TAG: Dies klingt so einfach und selbstverständlich. Doch wer ist sich schon bewusst, wie oft ihm die Zeit zwischen den Fingern zerrinnt. Dabei gibt es nichts, das uns persönlicher zugehört.

Diese „vierte" Dimension – die Zeit – hat eine ganz eigene Qualität. Man kann nämlich nur in der Gegenwart leben. Viele Menschen hingegen orientieren sich an der Zukunft („Wenn ich das und das erreicht/geschafft habe, dann ...") oder an der Vergangenheit („Damals ..."). Doch es gibt nichts, das die Zeit langsamer oder schneller werden lässt. Sie vergeht Sekunde um Sekunde und jeder Augenblick wird vom nächsten abgelöst.

Wenn man es genau betrachtet, kann die Zeit individuell durchaus stehen bleiben oder wie im Fluge vergehen. Es sind dies die Momente, in denen man sich selbst vergisst, ganz im Augenblick lebt und – ... glücklich ist. Doch diese Momente sind nicht nur selten, sondern auch sehr schnell vorbei. Denn sobald man denkt: „Das dürfte nie vergehen", findet man sich schon wieder in der Endlichkeit des Daseins.

In Wahrheit ist der Strom der Zeit unendlich und wir sind mittendrin. Unsere westliche Kultur hat uns zu „Uhrenmenschen" gemacht. Jeder

Augenblick ist geplant oder verordnet. Nur selten kann man ausbrechen und weiß genau, dass dies nur kurz möglich ist, am „Montag“ beginnt wieder der fremdbestimmte Tagesablauf.

Nutze den Tag: Dies sagt uns: Mach was aus deiner Zeit. Vertrödle nicht wertvolle Stunden mit Nichtigkeiten. Lebe JETZT, handle JETZT und genieße den Augenblick.

Aber noch etwas anderes steckt dahinter. Ein amerikanisches Sprichwort lautet sinngemäß: Verschüttete Milch und den vergangenen Augenblick kann nichts zurückbringen. Und wenn man es genau nimmt: Wir verschütten sehr viel Milch, indem wir die Zeit verplempern. Deshalb hier einige Anregungen: Zuerst müssen Sie sich klar werden, wie Sie Ihre Zeit verbringen. Zeichnen Sie einen Kreis und teilen diesen in verschieden große Abschnitte ein. Berücksichtigen Sie dabei etwa folgende Kategorien:

- Beziehung zum Partner
- Familie
- Beruf inkl. der Zeit, die Sie für den Weg zur und von der Arbeit benötigen
- Hausarbeit
- Weiterentwicklung/Fortbildung
- Sport und Freizeit
- Alleinsein
- Schlafen

(„Fernsehen“ wurde bewusst nicht aufgenommen, Sie sollen selbst entscheiden, ob dieses für Sie Fortbildung, Sport und Freizeit oder Alleinsein bedeutet.)

Natürlich wandeln Sie die obige Aufzählung nach Ihrem individuellen Tagesablauf ab. Nun versuchen Sie möglichst wirklichkeitsgetreu, die Segmente ihrer Größe nach so zu platzieren, dass es Ihrer momentanen Situation entspricht. Teilen Sie etwa den Kreis in 24 gleich große

Stundenteile ein. Färben Sie die einzelnen Abschnitte ein, so treten sie noch deutlicher hervor.

Nun analysieren Sie Ihren Zeitkreis. Starke Übergewichte im „Pflichtbereich" deuten darauf hin, dass Sie zu sehr fremdbestimmt sind. Korrigieren Sie dann entsprechend Ihren Wünschen die Zeitverwendung. „Schöne Zeiten" sollen Ihren Platz zugewiesen bekommen, Pflichten und unabänderliche Dinge überdacht werden.

Werden Sie sich bewusst, dass es ***IHRE*** Zeit, ***IHR LEBEN*** ist, das Tag für Tag an Ihnen vorbeizieht, und leben Sie *jetzt* in vollen Zügen! Lassen Sie sich nicht fremdbestimmen. Tun Sie nichts, weil es Ihnen jemand anderer vorschreibt. Entscheiden Sie selbst über Ihr Leben!

Wenn Ihnen dies schwerfällt, ist es umso wichtiger, hier klare Grenzen zu ziehen und auch der Umwelt zu verdeutlichen, dass SIE entscheiden, wie Sie Ihre Zeit, Ihr LEBEN verbringen wollen!

Diese Bestandsaufnahme sollten Sie von Zeit zu Zeit wiederholen. Es kann Ihnen viel Glück und Zufriedenheit bringen!

Dann beginnen Sie, Ihren nächsten Tag bewusst zu planen. Berücksichtigen Sie dabei die obigen Punkte und schreiben Sie einfach der Reihe nach auf, was Sie morgen tun ***wollen*** oder *müssen*. Am besten gewöhnen Sie sich an, diese Übung jeden Abend durchzuführen.

Es kommt dabei weder auf die genaue Zeitplanung noch auf die Reihenfolge an. Was Ihnen in den Kopf kommt, schreiben Sie auf. Zum Schluss achten Sie noch darauf, dass Freude und Spaß, Weiterentwicklung und Alleinsein genauso vertreten sind wie Arbeit, Familie und Beruf. Lästige Pflichten werden ebenso aufgeschrieben wie Situationen, auf die Sie sich freuen.

Nun legen Sie sich den Zettel für ***morgen*** vor sich hin und schreiben hinter jeden Punkt einen der Buchstaben A, B oder C.

A steht für Dinge, die sehr wichtig, unabwendbar und unbedingt erledigt werden müssen.

B steht für wichtige Dinge, die evtl. noch warten können.

C ist alles mehr oder weniger Unwichtige.

Nun konzentrieren Sie sich auf diese Punkte: Was Ihnen Ängste und Sorgen bereitet, wird dadurch, dass Sie es aufgeschrieben haben, schon „leichter". Ja, Ihr Unterbewusstsein beginnt nun im Schlaf, Sie auf diese Situation vorzubereiten, und Sie werden auch Unliebsames besser überstehen. Sei es, dass Sie zum Zahnarzt müssen, eine unliebsame Unterredung mit Ihrem Chef haben oder mit Ihrem Partner ein Problem besprechen müssen. Sie arbeiten bereits „im Schlaf" daran und lösen so schon einen Großteil der Problematik.

Andererseits wird Ihr Unterbewusstsein ebenfalls Ihr Gefühl der Vorfreude wahrnehmen und vergrößern, wenn Sie etwas aufschreiben und planen, was Ihnen Spaß macht. Sie produzieren schon Glücksgefühle im Vorfeld und haben so doppelten Gewinn. Nicht umsonst heißt es: „Vorfreude ist die schönste Freude." Und sogar das kann man planen.

Doch wie wirkt sich dies auf Ihr Leben aus, wenn Sie diese kleine Planungsübung Tag für Tag wiederholen?

Vielleicht stellen Sie beim Aufschreiben fest, dass etwas, das Ihnen eigentlich Freude bereiten sollte, doch nicht das Wahre ist und andererseits Dinge, die immer aufgeschoben wurden, weil sie lästig oder unangenehm zu werden drohten, nun – frisch ins Visier genommen – gar nicht mehr so bedrohlich sind. So kann es sein, dass Sie irgendwo im Hinterkopf diese längst fällige Rechnung haben, und irgendwie haben Sie kein Geld und es sind schon ein paar Mahnungen gekommen. Jetzt schreiben Sie auf: „Rechnung?“ Da die Sache schon etwas brenzlig wird, setzen Sie ein „A“ dahinter. Nun kommt ein unangenehmes Gefühl in Ihnen hoch, da Sie nicht wissen, wie Sie die Situation meistern sollen. Nun schreiben Sie einfach dahinter: „An Fa. X schreiben, wegen Rechnung.“

Dann stellen Sie sich vor, wie die ganze Angelegenheit bereinigt ist und wie froh Sie dann sind, sie positiv bewältigt zu haben.

Am anderen Tag schreiben Sie einen kleinen Brief: „Tut mir leid, dass ich die Zahlung so lange hinausgeschoben habe, ich überweise heute gleich ein Drittel der Summe und nächsten Monat den Rest. Bitte entschuldigen Sie die Verspätung, aber ich hatte noch andere Verpflichtungen, doch jetzt verspreche ich Ihnen, alles ganz schnell zu erledigen. Vielen Dank für Ihr Verständnis.“

Wie werden Sie sich fühlen? Auf alle Fälle besser! Und das nächste Mal passen Sie vorher schon auf, damit es gar nicht so weit kommt.

Oder Sie wollten schon lange mal mit der Lehrerin Ihrer Tochter sprechen. Sie haben es immer wieder hinausgeschoben, denn es könnte peinlich sein, da Sie nicht damit einverstanden sind, wie Ihre Tochter behandelt wird. Sie schreiben also auf: „Lehrerin Y anrufen.“

In der Nacht arbeitet Ihr Unterbewusstsein die richtigen Formulierungen aus, sodass Sie bestimmt, aber höflich Ihre Vorstellungen zum Ausdruck bringen können. Sie stellen sich dann vor, dass das Gespräch in einer entspannten Atmosphäre stattfindet und sich alles klärt.

Genauso verfahren Sie bei „freudigen“ Ereignissen: Den Vortrag über ein Thema besuchen, das Sie schon lange interessiert, den Kurs Sowieso besuchen oder einfach eine Stunde spazieren gehen. Auch solche Dinge können ein „A“ bekommen, wenn sie schon lange hintanstehen mussten.

Nach dieser ABC-Analyse, die auch immer freiwillige Dinge miteinbezieht, die Ihnen zu mehr Geld verhelfen, gehen auch Topmanager vor, und man erzählt sich, dass der amerikanische Manager Charles Schwab für diesen Tipp 25 000 Dollar bezahlte, nachdem er einen Berater fragte, wie er seine Zeit besser nutzen könnte.

Achten Sie darauf, nicht zu viel zu verplanen. Es kommt immer was dazwischen, und mit der Zeit bekommen Sie ein Gespür dafür, wie viel Sie planen sollten und können. Mehr als 50 % des Tages sollten es aber nie sein.

Nur wenn Sie dies TÄGLICH tun, haben Sie in Kürze mehr Zeit für das Wesentliche, erkennen, wo Ihre „verschüttete Milch" – also die vertrödelte, vertane Zeit – liegt, und Sie leben bewusster. Auch große Aufgaben schrecken Sie nicht mehr, da Sie die Situation schon vorher durchleben, und Sie überlassen weniger dem Zufall. Sie leben mehr und mehr aus erster Hand, also selbstbestimmt, und dies lässt Ihr Selbstvertrauen und Ihre Lebensfreude wachsen.

Der entscheidende Faktor ist die Kategorie A – die **Prioritäten**.

Sie müssen täglich entscheiden: Was ist wirklich wichtig, wo lohnt mein Einsatz, was bringt mir etwas?

Die Richtschnur sind Ihre langfristigen Ziele, doch ist eine Planung für den nächsten Tag die effizienteste. In Mußestunden können Sie spielerisch dasselbe natürlich auch für die nächste Woche, den nächsten Monat, das nächste Jahr und ebenso für das nächste Jahrzehnt machen.

Solche langfristigen Planungen nehmen Sie dann ab und zu in die Hand und Sie fragen sich: Was tue ich heute bzw. morgen, um meinen langfristigen Zielen näherzukommen? Am Abend fragen Sie sich: Was habe ich heute ***getan***, um meinen langfristigen Zielen näherzukommen?

So verlieren Sie sich nicht im Strudel des Alltags. Sie werden ordentlicher, zielorientierter und verlieren trotzdem die Freude am Leben nicht, da Sie auch die „schönen" Dinge mit einplanen. Sonst könnte entweder aus lauter Pflichterfüllung Ihre Lebensfreude zu kurz kommen oder Sie verplempern Ihre wertvolle Zeit in der täglichen Jagd nach ein paar Mußestunden und kommen nie zum für das Ihre Zukunft Entscheidende.

NUTZE DEN TAG! Mit Planung, Verstand und der ABC-Analyse.

Und beherzigen Sie: Alles geht vorbei, sei es Glück oder Unglück, nehmen Sie alles bewusst auf und ***leben*** Sie

HEUTE!

Erfolgslektion Nr. 9: Unbezahlbare Schätze: Liebe und Freundschaft

Es ist vielleicht für manche verwunderlich, dass in den hier versammelten Erfolgslektionen über Freundschaft und Liebe gesprochen wird. Doch was hilft uns alles Geld der Welt, wenn wir verlassen und einsam sind?

Der bekannte Autor Robert J. Ringer schreibt in seinem Buch „Werde Nr. 1“ (mvg-Verlag, München):

„Nie werde ich den Tag vergessen, an dem der Abschluss einer finanziellen Transaktion mich endgültig über die Hürde hob. Ich war endlich frei und konnte mich darauf konzentrieren, glücklich zu sein. (...)

Als meine Mitarbeiter nach Hause gegangen waren, blieb ich allein im Büro zurück, setzte mich an das Kopfende des Konferenztisches und begann nachzudenken. Um mich herum war es totenstill (...). Irgendwie war das Ganze merkwürdig. Ich hätte irgendwo feiern sollen, sagte ich zu mir selbst, statt allein hier zu sitzen und auf das andere Ende des Konferenztisches zu starren.(...)

Ich hatte zu viel von meinem Leben investiert, als dass ich glauben konnte, dass alles nur ein Schwindel sei. Das Leben musste mehr zu bieten haben als nur den Kampf um den finanziellen Erfolg und dann eine Leere, sobald man ihn errungen hatte.

Aber irgendetwas fehlte. Nachdem ich eine Stunde nachgedacht hatte, wusste ich endlich, was es war – nämlich die Tatsache, dass außer mir niemand am Tisch saß. (...)

Man braucht Menschen, weil man bestimmte Bedürfnisse hat und weil man diese Bedürfnisse unmöglich selbst erfüllen kann.“

Und es ist tatsächlich so: Die Gemeinschaft mit anderen Menschen macht das Leben erst lebenswert. Niemand kann sich selbst genügen und nicht umsonst wird Einzelhaft zur Disziplinierung von Gefangenen eingesetzt. Können Sie sich noch erinnern, wie zäh die Stunden vergehen können, wenn man allein ist? Und wie die Zeit im Fluge vergeht, wenn man in froher Gesellschaft ist?

Liebe und Freundschaft sind unbezahlbar. Und es heißt auch: „Echte Freunde kann man nicht kaufen."

Doch hierzu einige Überlegungen.

Liebe wird gemeinhin als Geschenk Gottes angesehen. Leider wird etwa die Hälfte aller frisch geschlossenen Ehen wieder geschieden und von allen bestehenden Lebensgemeinschaften etwa ein Drittel.

Sowohl Liebe als auch Freundschaft sind nicht mit Geld aufzuwiegen und auch nicht mit Geld zu erlangen. Doch gibt es einen weit verbreiteten Irrtum: Wenn man es nicht erzwingen, nicht kaufen kann, meinen viele, dann kann man auch nicht beeinflussen, wo „die Liebe hinfällt".

Und genau hier müssen wir ansetzen: Wenn es auch direkt mit Geld nicht zu kaufen ist, ist Freundschaft oder gar Liebe doch ein Tauschobjekt. Übertrieben kann man auch sagen: ein „Geschäft". Allerdings wird nicht mit Geld gezahlt, sondern mit Gefühlen. Es ist wahrscheinlich eine Illusion, dass jede wahre Liebe und jede echte Freundschaft „ewig" währen müsse.

Betrachten wir es doch nüchterner: Menschen kreuzen Ihren Weg. Und diejenigen, die eine Seelenverwandtschaft mit Ihnen haben, kommen Ihnen näher und beide Parteien fördern sich gegenseitig – bis eventuell der eine auf einer anderen Entwicklungsstufe ist und andere Partner/Freunde braucht.

Dale Carnegie hat 1938 einen Bestseller geschrieben: „Wie man Freunde gewinnt“ (Scherz Verlag). Diese zeitlose Lektüre sollte in keinem Bücherschrank fehlen, genauso wenig wie ein anderes Buch von ihm: „Sorge Dich nicht – lebe!“ (gleicher Verlag). Leider werden derartige Bücher viel öfter gekauft als wirklich gelesen.

Doch auf dem Gebiet der Kommunikation, Menschenführung und Freundschaftspflege wird man wohl nie auslernen. Deshalb hier einige Tipps, wie Sie den Umgang mit Ihren Mitmenschen verbessern und dadurch beliebter, erfolgreicher und glücklicher werden.

Eine positive Geisteshaltung ist auch hier von entscheidender Bedeutung.
Betrachten Sie Ihre Mitmenschen als Geschenke Gottes, die Ihnen – auch wenn Sie manchmal nicht so damit klarkommen – auf Ihrem Lebensweg helfen, Ihnen kleine Lektionen erteilen und Sie bei Ihrer Weiterentwicklung ein Stück begleiten.

Es wäre eigentlich ganz einfach, beliebt und allgemein geachtet zu werden: Freundlich und aufgeschlossen, mit verständnisvollem Wesen und stets an den kleinen und großen Problemchen der Mitmenschen interessiert, würde man allseits besser ankommen.

Wie schaut es aber in Wirklichkeit aus: Viele Menschen laufen den ganzen Tag mit einer griesgrämigen Miene herum, können kaum grüßen und igeln sich buchstäblich ein. Auf der Fahrt zur Arbeit setzt sich jeder in sein Auto, abends vor die Glotze, und was die andern machen, interessiert ihn einen Dreck.

Doch genau das ist der entscheidende Punkt: Wer sich ehrlich für den anderen interessiert und bestrebt ist, den anderen Menschen das Leben zu erleichtern, der bekommt auch am meisten zurück und profitiert selbst am stärksten.

Die Menschen dürsten nach **Anerkennung**.

Schenken Sie kleine (aber ehrliche) Komplimente. Fragen Sie die Menschen, die Ihren Weg kreuzen, nach irgendeiner Kleinigkeit, die signalisiert, dass Sie echtes Interesse an ihnen haben. Schon scheint die Sonne ein Stück.

Ich werde mein Leben lang nicht ein Erlebnis vergessen, das ich als Jugendlicher hatte und das zeigt, mit welchen Kleinigkeiten man das Herz anderer Menschen gewinnen kann: Eine Rockergruppe aus der Nachbarstadt hatte sich aufgemacht, um es mir „zu zeigen". Ein Anführer dieser Mini-„Hells Angels" war nämlich der Meinung, dass ich ihm seine Freundin „ausgespannt" hätte.

Sie suchten mit etwa einem Dutzend Schlägertypen unseren Treffpunkt auf. Schlagringe, Ketten und ähnliche Werkzeuge baumelten an ihren martialisch aufgemachten „Uniformen". Ich hatte zwar auch ein paar Freunde dabei, doch es war offensichtlich, dass wir als eher pazifistisch gesinnte Burschen gegen so eine geübte, polizeibekannte Rockergruppe im Kampf keine Chance haben würden.

Nachdem sich alle in dem Jugendtreff strategisch verteilt hatten – einige am Ausgang, andere so, dass eine Flucht unmöglich war –, breitete sich eine äußerst gespannte Stimmung aus. Die Eindringlinge sprachen kein Wort und meine Kameraden begannen plötzlich zu flüstern und jeder fühlte sich äußerst unwohl in seiner Haut. In den Billardraum, in dem ich mich befand, kamen der Anführer und zwei seiner Vertrauten. Sie setzten sich auf den Billardtisch und warteten, ob sich ein Berührungspunkt ergäbe, den sie zum Anlass der Schlägerei nehmen könnten.

Ich überlegte blitzschnell, während mir immer heißer wurde. Am besten tust du so, als ob nichts wäre, dachte ich und versuchte, möglichst schnell die Lage zu entspannen. Ich kaufte mir – fast wie Trance – ein Bier und eine Packung Erdnüsse. Da die Besucher nichts konsumierten – sie waren ja aus einem anderen Grund da –, nahm ich das zum Anlass und bot dem einen einen Schluck Bier und dem anderen ein paar Erdnüsse an. Die beiden waren so verblüfft, dass sie das Angebotene annahmen – und plötzlich lockerte sich die ganze Atmosphäre: Ich sprach noch ein paar freundliche Worte und meine Kameraden ließen sich sofort anstecken und versuchten, möglichst locker und entspannt mit den Fremden umzugehen.

Plötzlich war die aggressive Stimmung weg und niemand dachte mehr an eine Prügelei. Nach einer halben Stunde verließen wir den Ort unbehelligt und die Sache war erledigt. Keiner ließ sich mehr in unserer Stadt blicken, sie blieben wieder dort, wo sie hergekommen waren, und die Sache hatte sich in Luft aufgelöst.

Gut, Freunde wurden wir durch diesen Zwischenfall nicht, dazu trennten uns doch Welten, aber ein einfaches Zugehen auf den andern löst die Kommunikationsprobleme oft von allein.

Genauso ist es mit jungen Menschen, die eine Frau bzw. einen Mann suchen: Aus Angst, abgewiesen zu werden, verstecken sie sich oft und bringen es nicht fertig, einfach „Hallo“ zu sagen.

Apropos: Sagen Sie nicht „Hallo, wie geht's“, wenn Sie mit jemand Unbekanntem in Kontakt kommen wollen. Sagen Sie „Hallo“ und stellen Sie eine unverfängliche Frage, die Ihr Interesse signalisiert. Echtes Interesse am andern, Anerkennung und ZUGEHEN auf den Nächsten kann manches Eis brechen.

Ein weiterer Aspekt ist ebenfalls sehr wichtig: Vermeiden Sie unter allen Umständen, den Mitmenschen. Partner, Freund zu KRITISIEREN. Es ist einfach eine menschliche Eigenschaft, dass niemand gern kritisiert werden will.

Sie werden niemand ändern. Lassen Sie jeden so, wie er ist, und finden Sie die Punkte heraus, die Ihnen gefallen. Das erwähnen Sie, loben Sie, wo es geht, aber unterlassen Sie jede Kritik. (Was Sie tun müssen, wenn Sie wirklich einmal kritisieren müssen, können Sie in dem oben erwähnten Buch von Carnegie nachlesen.)

Seien Sie sich auch bewusst, dass im Grunde seines Herzens jeder Mensch allein ist. Die anderen Menschen können nur immer einen kleinen Teil Ihres Innersten erfahren. Deshalb muss jede Freundschaft und jede Liebe gepflegt werden. Dabei kommt es immer auf ein gesundes Gleichgewicht an: Sie können nicht mehr bekommen, als Sie geben, und Sie können nicht mehr geben, als Sie bekommen.

Aber eins können Sie tun: ***den ersten Schritt machen!***

Wenn dann die Resonanz nicht wie gewünscht ist, ziehen Sie sich einfach zurück oder warten Sie ab. Sie wissen ja nie, wo der andere steht.

Ich habe einmal gelesen: Wenn jemand zweimal hintereinander die Rechnung für den anderen bezahlen will, ist die Freundschaft in ernster Gefahr!

Geben und Nehmen müssen sich die Waage halten. Und es ist wichtig zu wissen, dass ein noch so guter Freund nicht ewig belastbar ist.

Einige ergänzende Ratschläge: Merken Sie sich die **Namen** Ihrer Mitmenschen und nennen Sie diese beim **Namen**! Diese Kleinigkeit ist ungeheuer bedeutsam. Niemand ist mit einem Wort so vertraut wie mit seinem Namen. Der Mensch „identifiziert" sich mit seinem Namen. Er kommt sich wichtig und respektiert vor, wenn er genannt wird. Es ist so einfach und doch so wirkungsvoll.

Spenden Sie *Lob und Anerkennung, wo es geht* – aber ehrlich und ohne Schnörkel.

Schauen Sie Ihren Mitmenschen in die ***Augen***. Die eigentliche Kommunikation läuft über die Augen, erst dann kommt der „Mund".

Und vor dem Sprechen kommt das Lächeln. Lächeln kann man üben. In der Lektion Nr. 12 bekommen Sie noch einige Tipps, wie Sie Ihren Eindruck verbessern.

Die Menschen können nicht allein leben, nicht allein erfolgreich und nicht allein glücklich werden. Wie viel Freunde und Kontakte Sie brauchen, liegt an Ihren individuellen Bedürfnissen. Machen Sie sich aber bewusst, dass die schönsten Stunden im Leben die sind, die Sie mit guten Freunden verbringen.

Gehen Sie nicht leichtfertig oder berechnend damit um, aber haben Sie immer im Blickfeld, dass jede Freundschaft ein ***Geben und Nehmen*** ist, und nur wenn die „Bilanz“ stimmt, wird die Freundschaft andauern und sich vertiefen.

Erfolgslektion Nr. 10: Die hohe Kunst der Rede

Redekunst, auch Rhetorik genannt, betrifft zwei Bereiche: einmal die öffentliche Rede (z. B. ein Vortrag) und zum anderen das Gespräch, die Verhandlung, die zwischenmenschliche Kommunikation. Beide Aspekte wollen wir hier beleuchten.

Doch vorher noch einige Überlegungen: Reden ist wirklich eine hohe Kunst. Ich kenne etliche Menschen, die durch gute Verhandlungsführung (Verkaufsgespräche) sehr gut Geld verdienen, und ich kenne Spitzenverdiener, die echte Millionäre geworden sind, nur weil sie Menschen mit Ihrem Auftreten und Ihrer Sprache begeistern und überzeugen können.

In der Wirtschaft und besonders im Vertrieb gibt es wahre Redetalente – vielleicht ist es auch gut so. Auch politische Reden sind ja meistens sehr langweilig und könnten etwas Redekunst gut gebrauchen. Aber können Sie sich vorstellen, dass das Unheil, das über die Welt gekommen ist, so gekommen wäre, wenn Hitler und Goebbels nicht solche Redetalente gewesen wären? Und waren sie es? Bestimmt, aber es gibt eigentlich kein Rede-„Talent". Denn auch das kann und muss man lernen, üben, entwickeln.

In „Mein Kampf" beschreibt Hitler, wie er sich mit sieben Zuhörern zu seiner ersten Parteiversammlung traf. Er sprach zu ihnen und er stellte nachher fest: „Ich konnte reden." Ja, er hat es vorher nicht einmal gewusst. Was wäre uns erspart geblieben, wenn er es nicht entdeckt hätte! Aber leider ist es mit diesem Instrument wie mit allem: Man kann es zum Guten und zum Schlechten einsetzen.

Mit der menschlichen Sprache ist also alles möglich. Und wenn Sie großen Erfolg haben wollen, müssen Sie hier an sich arbeiten.

Eigentlich ist es ja paradox, wenn wir hier in Schriftform übers „Reden" informieren wollen: Reden kann man nur lernen durch – REDEN!

Doch gibt es einige Tipps, die man auch schriftlich weitergeben kann. Und Sie werden durchaus profitieren, wenn Sie sich an die folgenden Ratschläge halten. Vielleicht können wir bei entsprechendem Interesse zu diesem und anderen Themen kleine Seminare abhalten, dann könnten wir alles auch praktisch üben. Bis es so weit ist, halten wir uns an das, was man schriftlich weitergeben kann.

Gesprächsführung und Verhandlungsgeschick

Im zwischenmenschlichen Bereich erfüllt die richtige Gesprächsführung vielfältige Aufgaben. Es gibt den Small Talk übers Wetter und andere Gespräche, die eigentlich keine Gespräche sind, sondern nur dem gegenseitigen Kennenlernen dienen oder den Versuch darstellen, mit jemand überhaupt in Kontakt zu kommen.

Diese Art von Gesprächen verläuft meist sehr oberflächlich und viele der Bemerkungen gehen aneinander vorbei. Denn nicht der Informationsaustausch ist das Ziel. Und es soll auch kein bestimmter Zweck mit dem Gesagten verfolgt werden. Man tastet nur ab, wie weit der andere überhaupt bereit ist, auf einen einzugehen.

Bei Verkaufsgesprächen wird dieser Teil des Gesprächs als Vorwärmphase bezeichnet. Man versucht bei diesen „Abtast-Gesprächen", eine gleiche Wellenlänge herzustellen. Deshalb wird eine Reihe von rhetorischen Fragen gestellt, die man alle mit JA beantworten können soll. Dieses JA wird in den seltensten Fällen wirklich als Antwort ausgesprochen, sondern meist wird eine Antwort gegeben, die dieses JA schon beinhaltet.

Aus dem Zusammenspiel solcher „Nichtigkeiten“ ergibt sich dann ein Bild vom anderen, das hilft, zu beurteilen, wie gut man überhaupt miteinander reden kann. Diese Plauder-Gespräche sind in ihrer Bedeutung nicht zu unterschätzen, denn eine positive Gesprächsführung ist bereits der Vorreiter für echte Gespräche oder Verhandlungen.

Im Ehealltag kommt es nicht zu selten vor, dass nur sehr wenig miteinander gesprochen wird. Hier ist es durchaus wichtig, durch Small Talk wieder dahin zu gelangen, wo man als Frischverliebter war: zu aufregenden, interessanten Gesprächen.

Jedes Gespräch läuft ja eigentlich zwischen zwei Menschen mit völlig verschiedenen Innenleben ab. Alle Bilder, Erfahrungen, Gedanken, die jemand im Kopf hat, schwingen mit. So kann es leicht sein, dass unter so einem simplen Wort wie „Haus“ der eine eine Villa, der andere eine Holzhütte versteht. Wieder jemand anderer stellt sich das Vorstadthäuschen im Grünen, der Nächste ein historisches Bauernhaus vor. Jede Art von Gebäude ist hier vorstellbar.

Dies geschieht mit jedem Begriff. Ein „Hund“ kann ein Dackel, ein Bernhardiner oder eine Promenadenmischung sein. Je nach den individuellen Erfahrungen wird Ihr Gesprächspartner bei dem Wort „Hund“ neutral oder mit positiven oder negativen Gefühlen reagieren.

Bei abstrakten Begriffen wie „Freiheit“, „Liebe“, „Frieden“, „Glück“, oder „Erfolg“ ist die Bandbreite der möglichen Erfahrungshintergründe noch sehr viel größer.

Ihre Aufgabe ist es nun, zu erkennen, was der andere überhaupt genau meint.

Jedes Gespräch kann in einen Disput, eine Auseinandersetzung oder sogar in einen Streit umschlagen. Der Grund ist meist, dass mit der eigenen WAHR-Nehmung nicht im Einklang stehende Thesen oder Argumente vorgebracht werden. Und da jeder Mensch eine andere WAHR-Nehmung hat, ist es so schwierig, befriedigende Gespräche zu führen.

Der Schlüssel zu besserer Kommunikation besteht nun darin, die Wahrnehmung des anderen grundsätzlich zu akzeptieren und nicht mit Macht dagegen anzugehen, wie das leider nur zu oft geschieht.

Natürlich ist dies leichter gesagt als getan. Der Grund liegt einfach darin, dass es so wahnsinnig schwer ist, zu akzeptieren, dass jeder Mensch einen *anderen* Hintergrund an Gedanken, Erfahrungen, Gefühlen usw. hat. Je selbstbewusster Sie sind, umso leichter fällt es Ihnen, ANDERE Meinungen gelten zu lassen sowie andere Ansichten zwar nicht unbedingt gutzuheißen, aber wenigstens zu tolerieren.

Es ist immer ratsam, für den Anfang möglichst viele Gemeinsamkeiten herauszuarbeiten. Dies geschieht durch Fragen, vor allem durch sogenannte W-Fragen, also solche, die mit den Fragewörtern Wie, Wer, Wo, Warum, Wann etc. beginnen.

Die Denk-„Wirklichkeit" eines anderen lässt sich am besten abschätzen, indem man ***ihn*** sprechen lässt. Die W-Fragen sind der Schlüssel dazu.

Bei der entsprechenden Antwort ist es dann natürlich von entscheidender Bedeutung, ZUZUHÖREN und echte Anteilnahme zu zeigen. Allerdings ist die Aufnahmefähigkeit eines Menschen sehr begrenzt, deshalb sind kurze Aussagen immer besser als lange Ergüsse.

Wenn W-Fragen nicht wie ein Verhör klingen, sind sie die besten Wegweiser für eine gelungene Kommunikation. Vor allem, wenn Sie etwas bei Ihrem Gegenüber erreichen wollen. Machen Sie sich auch bewusst, dass **Druck** in einem Gespräch immer **Gegendruck erzeugt**. Dies bedeutet, Sie müssen das Gespräch (mittels der W-Fragen) so lenken, dass der andere das Gefühl hat, das, was **Sie** von ihm wollen, ***selbst*** zu wollen.

Toleranz ist hier erlernbar. Sobald Sie anerkennen, dass jede Lebensgeschichte Ihre eigene Wirklichkeit und ein eigenes Weltbild erzeugt, fällt es Ihnen schon leichter, die Sichtweise des anderen einfach gelten zu lassen.

In einem Gespräch sind endgültige Aussagen wie „nie“, „immer“, auch in anderen Formulierungen wie etwa in „Das stimmt nicht“, „Das gibt es nicht“ usw. die gefährlichsten Fallen. Sobald man solch eine endgültige Aussage trifft, die mit absoluter Sicherheit praktisch nie zutreffen kann, schließt man aus, mit dem anderen einen gemeinsamen Nenner herauszuarbeiten. Dadurch wird echte Kommunikation sehr oft verhindert.

Denn immer, wenn „Kampfansagen“ in dieser oder ähnlicher Form erfolgen, brodelt es im Gesprächspartner und er will seinerseits seinen Standpunkt durchsetzen. Dies führt unweigerlich in eine Sackgasse, denn es geht nun plötzlich nicht mehr um den Gesprächsinhalt, sondern um das berühmte Rechthaben um jeden Preis. Damit ist das Gespräch zu einem Kriegsschauplatz geworden, der viele negative Folgen für die Beziehung – sei es mit dem Kunden, dem Lebenspartner oder wem immer – nach sich zieht.

Analysieren Sie in den nächsten Tagen Ihre Gespräche, wo immer Sie sind. Gehen Sie in Gedanken den jeweiligen Ablauf durch und machen Sie sich bewusst, wie Sie sich fühlen. Versuchen Sie herauszufinden, was Sie erfreut, verärgert oder gleichgültig werden ließ. Ihren Anteil am Gespräch können Sie dann in Gedanken durchspielen und feststellen, warum auf einmal eine Kampfstimmung entstand oder wie Sie immer mehr Gemeinsamkeiten entdeckten. Machen Sie sich so eine private Gesprächsanalyse zur Gewohnheit und Sie verbessern Ihr Verhandlungsgeschick im privaten wie im beruflichen Bereich.

Erziehen Sie sich so zu einem toleranteren Menschen, der die Meinungen der anderen gelten lassen kann. **FÜHREN** Sie das Gespräch – durch offene (W-)Fragen, die Ihr echtes Interesse zeigen. (Wer fragt, der führt!)

Öffentliche Reden, Vorträge usw.

Auch wenn wir nicht mehr im alten Rom leben: Wer öffentlich gut reden kann, ist auch bei uns ein König, der die anderen **führt**. Leider trauen sich dies die meisten Menschen nicht zu. Der Grund liegt fast immer in Angst vor dem Versagen und in zu wenig Selbstvertrauen.

R. W. Emerson hat gesagt:

„Tue das, was du fürchtest, und die Furcht stirbt einen sicheren Tod."

Welche Erfolge Sie erringen können, wenn Sie sich zutrauen, öffentlich zu reden, ist nicht mit Worten zu erklären. Sie können dadurch ALLES erreichen – noch dazu schneller und effektiver als mit jedem anderen Mittel.

Von wenigen Ausnahmen abgesehen, das Einzige, was Sie dazu benötigen, ist **Übung**.

Die meisten Menschen wissen gar nicht, wie gut sie reden könnten, weil sie es nie ausprobiert haben.

Natürlich muss man wissen, was man sagen will. Fachkenntnisse und die richtigen Methoden kann man sich aus Büchern aneignen. Aber das Entscheidende ist: **Begeisterung** und **positive Ziele** vermittelt man mit einer Rede am besten. Doch solange Reden abgelesen werden, sind diese lediglich ein Vortrag, aber keine „Rede" im eigentlichen Sinn.

Ich weiß auch, dass die große Mehrheit nie öffentlich reden wird. Gerade deshalb bilden diejenigen, die dies mit Freude tun, eine *Elite*, die allein dadurch schon die Herzen gewinnt.

Ich war einmal Mitglied einer Laien-Theatergruppe und wir schafften es, dass 30 junge Menschen als Darsteller fast Profi-Standard erreichten – durch Übung! Zehnmal, zwanzigmal wurde zaghaft etwas heruntergesagt, doch irgendwann kam bei jedem der „Durchbruch": Zum Schluss trat jeder mit lauter Stimme voller Begeisterung und Klang auf! Und jeder profitierte selbst am meisten davon! Nicht das Ergebnis war das Entscheidende, sondern die Freude, sich selbst überwunden zu haben und mit Selbstvertrauen auf einer Bühne zu stehen!

Wenn Sie auch jetzt noch keinen konkreten Anlass für eine Rede oder einen Vortrag erkennen können: Üben Sie daheim mit lauter Stimme! Nehmen Sie Reden zu irgendwelchen Themen, die Sie interessieren, mit dem Kassettenrekorder auf. Wenn Sie nicht wissen, was Sie sagen sollen, beginnen Sie mit auswendig gelernten Gedichten oder Theaterrollen.

Schreien Sie! Brüllen Sie! Schluchzen und lachen Sie!

Es kommt der Tag, wo Sie dies brauchen werden, und dann liegt es an Ihnen, ob Sie Ihre Zuhörer für Ihre Ideen **begeistern** oder weiter ein Schattendasein führen.

Übung macht den Meister – Wiederholung führt zur Perfektion!

Erfolgslektion Nr. 11: Wegweiser: Krisen und Probleme

Nun haben wir schon die Hälfte unserer kleinen „Erfolgsreise" überschritten. Jetzt wollen wir den entscheidenden Unterschied überhaupt erarbeiten, der den Erfolglosen von Erfolgreichen unterscheidet.

Jeder Mensch will ja eigentlich den Erfolg. Nach einigem guten Zureden kann es sogar sein, dass er sich entschließt, seine Ziele schriftlich zu fixieren und einen Plan aufzustellen, wann und wie er diese erreichen kann. Trotzdem schaffen es immer nur wenige.

Der Unterschied ist ganz einfach, dass beim Auftauchen von Schwierigkeiten oder Problemen die Mehrheit früher oder später ganz einfach aufgibt.

Woher stammt diese mangelnde Kraft, DURCHZUHALTEN?

Ich denke, ein wesentlicher Grund dafür liegt wieder in unserer Erziehung. Ein kleines Kind, das noch nicht weiß, was richtig oder falsch ist, unternimmt alles Mögliche. Es probiert aus, was ihm Spaß macht, und denkt sich nichts dabei. Nun kommen die Eltern, Lehrer und Erzieher und weisen das Kind Tag und Nacht darauf hin, was es falsch gemacht hat. Dies ist grundsätzlich so, das soll für sich genommen auch nicht kritisiert werden.

Doch nun passiert etwas: Das heranwachsende Kind bemüht sich krampfhaft, keine Fehler mehr zu begehen. Es würde ja negative Beurteilungen aus seiner Umwelt erfahren.

Dabei ist jede menschliche Handlung voll von potenziellen Fehlerquellen. Wir können niemals absolut sicher sein, keinen Fehler zu begehen. Ob wir mit dem Auto fahren, Kaffee einschenken oder ein Ziel anstreben, es ist sogar sehr wahrscheinlich, dass irgendwo ein Fehler passiert. Dies ist eigentlich nicht weiter schlimm, wir werden einfach durch eine Unachtsamkeit darauf gestoßen, wie man es NICHT machen soll.

Nun verinnerlicht sich aber ein Verhalten, das uns davor zurückschrecken lässt, etwas „Falsches" zu tun, wir wurden ja jahrelang dafür beschimpft, in der Schule werden Fehler rot angestrichen und jedwedes Fehlverhalten wurde sofort getadelt.

Der Erwachsene ist sich dieser Programmierung nicht mehr bewusst. Wenn nun ein Vorkommnis seinen Weg kreuzt, dass sich wie eine Krise oder ein Problem ausnimmt, schreckt er innerlich zurück – und GIBT AUF!

Abraham Lincoln musste ACHTZEHN Fehlschläge einstecken, bis er Präsident der Vereinigten Staaten wurde, die Sklaverei abschaffte und einer der berühmtesten Präsidenten in der Geschichte der USA wurde. Ohne ihn gäbe es kein Amerika, wie wir es heute kennen.

Achtzehn Niederlagen! Wie viel mussten Sie einstecken?

Die Chancen stehen nicht schlecht, dass Sie weniger Misserfolge „benötigen", um den endgültigen Durchbruch zu schaffen! Nur wenn Sie annehmen, alles ginge von vornherein glatt, dann unterliegen Sie einem Irrtum.

Es gibt ja das bekannte „Murphys Gesetz" (nicht zu verwechseln mit dem Erfolgslehrer Dr. Joseph Murphy), das lautet:

1. Alles, was schiefgehen kann, geht schief.
2. Auch was nicht schiefgehen kann, geht schief.
3. Das Ausmaß ist größer, als man sich vorstellen kann.

Es ist also das Normalste von der Welt, dass etwas schiefgeht. Murphys Gesetz ist natürlich eine satirische Übertreibung. Aber wenn Sie von vornherein wissen, dass es Schwierigkeiten, Krisen und Probleme geben wird, sind Sie nicht überrascht, wenn diese auftauchen.

Können Sie sich einen Tag ohne Nacht vorstellen? Einen Berg ohne Tal? Licht ohne Finsternis? Oben ohne unten? Wer nicht bereit ist, durchs Tal zu wandern, wird den Berggipfel nie erklimmen. Und irgendwann ist eine Spitze erreicht, ab der es nur wieder bergab gehen kann – bis die nächste Höhe erklommen wird. Sie erfahren mehr zu diesem Thema in Kapitel 18: „Die Macht Ihres Unterbewusstseins", und Kapitel 15: „Das Wunder Ihrer Geisteskraft".

Wir wollen an dieser Stelle nun genauer analysieren, was es mit Misserfolgen, Krisen und Problemen auf sich hat.

Misserfolg

Ein Misserfolg ist eher auf eigene Unzulänglichkeit zurückzuführen. Jeder kleine oder größere Misserfolg ist wie ein Schleifstein: Ihr Geist wird geschärft: Ihre Kraft angespornt. Es ist nicht schlimm, wenn sich ein Misserfolg einstellt. Er zeigt nur an, wo Sie noch WACHSEN können, und bietet gleichzeitig die Lösung. Sie werden dadurch geschult, besser aufzupassen und an sich zu arbeiten.

Mit diesem Wissen können Misserfolge Sie nicht mehr entmutigen, denn Sie sind mit Ihren Misserfolgen gewachsen. Wenn Sie sich dies bewusst machen, haben Sie schon einen völlig anderen Blickwinkel.

An dieser Stelle tritt bei vielen auch Neid auf: DER hat Erfolg – ich nicht! Genau dies ist aber die Botschaft: SIE müssen besser werden, sich den anderen (Erfolgreicheren) zum VORBILD nehmen.

„Wenn du Misserfolg hast und jemand anderem seines Erfolges wegen grollst, hältst du deinen eigenen Erfolg von dir ab."

Florence Scovel Shinn

Krisen

Krisen sind entweder persönlicher (Krankheit, psychische Probleme, Scheidung, Verschuldung) oder politischer bzw. gesellschaftlicher Natur (Kriege, Streik, politische Umstürze, Weltwirtschaftskrise) oder Naturkatastrophen (Erdbeben, Überschwemmungen).

Eine Krise selbst kann man meist im Vorfeld wenig beeinflussen. Wenn Sie da ist, muss man darauf reagieren. Hier unterscheidet sich der Erfolgsmensch auch vom Durchschnittsmenschen.

Clement W. Stone hat gesagt:

„Jede Widrigkeit des Schicksals trägt den Keim eines gleich großen oder größeren Vorteils in sich."

Es gibt Bestseller mit Titeln wie „Krise als Chance" (Kurt Tepperwein) bzw. „Schicksal als Chance" (Thorwald Detlefsen). In unserem Kapitel 19: „Höhere Singgebung", werden wir auf diesen Themenkreis noch spezieller zu sprechen kommen.

An dieser Stelle nur so viel: Aus jedem Leid wächst neue Kraft. Die richtige Reaktion sollte immer der Gedanke sein: Wie kann ich aus dieser Situation für mich und meine Umwelt das Beste machen. Im Rückblick erkennt man dann meist, dass gerade diese Krise oder jener Schicksalsschlag den entscheidenden Impuls gegeben hat, das zu erreichen, was man erreicht hat. Diese „Schule des Lebens" bleibt in irgendeiner Form niemandem erspart.

Probleme

Der Umgang mit Problemen ist der entscheidende Prüfstein, der Ihr Denken offenbart. Probleme sind nämlich lediglich Vorkommnisse oder Situationen, die in Ihrem Gehirn die Gestalt eines Problems annehmen.

Es gibt keine „Probleme" für sich genommen. Erst die Denkweise des Betrachters macht diese dazu. Was für Sie ein „Riesenproblem" sein kann, erscheint einem äußeren Betrachter vielleicht banal.

Hier hilft einerseits die Grundhaltung der **Gelassenheit**. Treten Sie einen Schritt zurück und stellen Sie sich vor, Ihr „Problem" erschiene als Vorkommnis in einem Fernsehfilm. Hier können Sie mit einer gelassenen, entspannten Geisteshaltung schon sehr viel zu seiner Lösung tun.

Sie müssen immer daran denken: Probleme sind Chancen. Es gibt kein Problem ohne Lösung. Die Lösung ist immer schon im „Problem" angelegt.

Die Welt um Sie herum können Sie nicht ändern. Ihre Einstellung hingegen können Sie jederzeit ändern. Immer wenn Sie versucht sind, eine Angelegenheit als „Problem" zu betrachten, dann analysieren Sie dieses:

1. Schritt: Stellen Sie fest, welcher Aspekt einer Situation diese für Sie zu einem Problem macht.
2. Schritt: Analysieren Sie, warum gerade dieser Aspekt so schlimm ist.
3. Schritt: Überlegen Sie, was SIE Sinnvolles unternehmen können, um die Situation zu ändern.

(Problemanalyse nach Vera Birkenbiehl)

Wenn Sie diese drei Schritte bei jedem Problem konsequent anwenden, stellen Sie fest, dass Sie die jeweilige Situation befriedigend lösen werden. Es kann auch erforderlich sein, diese drei Schritte öfter zu wiederholen. Gewöhnen Sie sich einfach an, alles, was Sie als Problem empfinden, nach dieser Methode zu analysieren.

Sie werden etwas Erstaunliches feststellen: Ein Problem ist immer eine Chance. Eine Chance, einen Konflikt zu lösen, zu wachsen und eine höhere Stufe zu erklimmen.

Die Überschrift dieses Kapitels lautet: „WEGWEISER: Krisen und Probleme". Und genau dies will ich hiermit ausdrücken: Auf Ihrem Weg zum Erfolg sind Probleme und Krisen WEGWEISER, die Ihnen zeigen, auf welchem Weg Sie Ihr Ziel geradewegs erreichen. Es sind keine Umkehrschilder oder Stoppschilder. Es sind Wegweiser auf Ihrem Weg nach oben.

Sie beginnen immer mit kleinen Schritten. Erfolgserlebnisse bestärken Sie und Rückschläge könnten Sie entmutigen. Es liegt an Ihnen, welche Standkraft, welches Durchhaltevermögen Sie besitzen. Da Sie nun wissen, dass die Erfolgserlebnisse, die Sie erringen, *indem* Sie Rückschläge meistern und NICHT aufgeben, HUNDERTMAL mehr Kraft spenden als „einfache" Erfolgserlebnisse, werden Sie erkennen, warum Probleme CHANCEN sind.

Ihre Sichtweise unterscheidet Sie dadurch vom Durchschnittsmenschen. Bei Schwierigkeiten aufzugeben ist keine Kunst. Meinen Sie, die Früchte des Erfolgs kommen zu Ihnen wie im Schlaraffenland? Wollen Sie Fehlschläge als endgültiges Resultat Ihrer Bemühungen hinnehmen?

Oder sind sie nur eine vorübergehende Kurskorrektur, die danach umso direkter zum Ziel führt?

Natürlich müssen Sie DRANBLEIBEN, DURCHHALTEN. Ihr Erfolgsweg, der Ihnen Freude und Erfüllung bringt und der Menschheit durch Ihre Dienste nützt, wird nie von A bis Z wie eine gerade Rennbahn verlaufen. Sie stoßen unweigerlich an Steine und so manches Mal muss ein großes Hindernis weggeräumt werden.

„Der Erfolg ist im Leben nicht so sehr von Talent und Gelegenheit abhängig,
sondern von Konzentration und Ausdauer."

C. W. Wendle

„Erkenne, dass du geschaffen wurdest,
erfolgreich und glücklich zu sein.
Gestatte deinem Gemüt niemals,
sich mit der negativen Seite der Dinge zu befassen."

Grover Thornsberry

Probleme sind Chancen.

Erfolgslektion Nr. 12: „Kleinigkeiten" – aber von entscheidender Bedeutung

Ihre innere Einstellung ist nichts „Verborgenes". Sie liegt in Ihrem täglichen Handeln offen zutage. Genauso, wie sich Ihr Verhalten auf Ihre innere Befindlichkeit auswirkt (Rückkopplung).

Dies hat eine einfache, aber wirksame Konsequenz: Wenn Sie Ihre Aufmerksamkeit darauf richten, sich wie ein erfolgreicher, disziplinierter Mensch zu verhalten, in Ihrer Erscheinung, in Ihrem Tagesablauf usw., dann werden Sie zwangsläufig auch erfolgreicher.

Einige Aspekte dazu sehen wir uns nun genauer an.

Ihre Körperhaltung: Wie sieht die Silhouette eines erfolgreichen Menschen aus? Geknickt, nach vorne gebeugt? Oder überheblich aufgebaut?

Eine lockere, aber gerade Haltung drückt Selbstvertrauen, Zuversicht und Sicherheit aus. Nicht übertrieben, aber mit aufrechter Kopfhaltung, die es Ihnen erlaubt, Ihren Mitmenschen gerade in die Augen zu sehen. Dies ist eigentlich eine uralte Erkenntnis, aber mir scheint, dass immer mehr Menschen in alle Richtungen „verbogen" daherkommen.

Trainieren Sie täglich eine bewusste Körperhaltung, ohne sich zu verkrampfen. Früher hat man den jungen Mädchen ein schweres Buch auf den Kopf gelegt und sie so balancierend im Zimmer auf- und abgehen lassen. Dies ist eine sinnvolle Übung. Sie können sich auch vorstellen, einen Zylinder auf dem Kopf zu tragen. Wahrscheinlich war dies einer der Gründe, so eine sonderbare Kopfbedeckung zu erfinden: Der Zylinder macht nicht nur optisch größer, sondern er zwingt dazu, sich gerade zu halten.

Und ein gerader Mensch wirkt durchaus auch größer. Dies ist im zwischenmenschlichen Rollenspiel sehr wichtig. Der Volksmund sagt: „Gerade Haltung – aufrechte Gesinnung." „Krumme Touren" hingegen werden eher „krummen Gestalten" zugetraut.

Üben Sie diese gerade Haltung täglich, und wenn Sie in der Öffentlichkeit, im Arbeitsleben, in wichtigen Verhandlungen sind, dann haben Sie diese gerade Haltung so verinnerlicht, dass Sie sie ohne Schwierigkeiten beibehalten.

Die Atmung sollte allerdings NICHT wie beim Militär nach dem Motto „Bauch rein – Brust raus" ablaufen, sondern in den Bauch erfolgen – eine entspannte Tiefenatmung. Dies gibt Ihnen die notwendige Entspannung, damit die aufrechte Körperhaltung nicht verkrampft oder gekünstelt wirkt. Ihr Schwerpunkt sollte im Bauchbereich liegen.

Ihre Kleidung: Von den starren Kleidungsvorschriften vergangener Jahrzehnte und Jahrhunderte ist man glücklicherweise abgekommen. Nur bedeutet die gewonnene Freiheit auch mehr Ausdrucksmöglichkeiten. Nicht jeder nutzt diese zu seinem Vorteil. Ihr Kleiderschrank ist ein Spiegelbild Ihrer Selbsteinschätzung. Schauen Sie ruhig einmal mit diesem Blickwinkel hinein: Welche Facetten Ihrer Persönlichkeit betonen Sie, welche verstecken Sie? Wie grau oder bunt, wie geschmackvoll ist Ihre Kleidung?

Und das Wichtigste: Wie gepflegt ist Ihre Kleidung? Ihre Schuhe? Wenn Sie achtlos mit Ihren Sachen umgehen, deutet das auf eine Geringschätzung Ihrer eigenen Persönlichkeit hin. Ein Mensch, der sich selbst gering schätzt, wird auch von anderen gering geschätzt. Und Sie verbauen sich Ihren Erfolg, ohne zu ahnen, wodurch.

Wie Ihre Kleidung sollte auch Ihr Auto gepflegt sein. Innen und außen, ohne in einen Wahn abzugleiten, der einer Vergötterung gleichkommt.

Noch ein Hinweis: Wenn Sie sich schlecht fühlen, ziehen Sie Ihre **beste** Kleidung an (der Situation angemessen). Sie werden sich sofort besser fühlen. Bei wichtigen Gesprächen, Prüfungen, Verhandlungen kaufen Sie sich am besten eine vollständige neue Garderobe, von den Socken und der Unterwäsche bis zu Taschentuch, Hose, Hemd, Rock, Bluse usw. Nicht umsonst wird ein Hochzeitskleid nur für den einen Tag angefertigt. Sowohl Ihr Unterbewusstsein als auch die Umwelt reagieren mit feinen Antennen darauf!

Pünktlichkeit: Ein anderer Aspekt ist die Pünktlichkeit. Diese ist kulturabhängig. Bei uns wird sie vorausgesetzt. Deshalb sollte man sich unter allen Umständen bemühen, auf pünktliches Erscheinen äußersten Wert zu legen. Wenn Sie einen Termin haben, denken Sie einfach, sie müssen die letzte Maschine kriegen, die Sie von einer einsamen Insel wegbringen kann. Sie können sich auch vorstellen, dass es einen Zug gäbe, der einfach genau zu dieser Zeit fährt und jeden, der zu spät kommt, einfach stehen lässt.

Höflichkeit: Diese zu üben müsste eigentlich auch selbstverständlich sein. Höflichkeit bedeutet, den anderen zu respektieren und ihm zu zeigen, dass man auf ihn Rücksicht nimmt, ihn beachtet, am rechten Ort „Bitte“ oder „Danke“ sagt.

Geben Sie anderen die Hand und blicken ihnen kurz in die Augen. Mit einem Lächeln gewinnen Sie Ihre Mitmenschen schneller für sich als mit tausend Worten.

Lächeln: Dieses öfter zu praktizieren, hat noch einen anderen Hintergrund: Lächeln ist nicht nur für Ihre Umwelt ein starkes Signal. Wenn Sie Ihre Mundwinkel heben, hebt sich nach kurzer Zeit Ihre Stimmung. Wer weise in sich hineinlächelt, auch wenn er alleine ist, drückt aus, dass er die nötige Gelassenheit und das nötige Selbstvertrauen besitzt, als optimistischer Mensch sein Leben positiv zu gestalten. Diese Botschaft nimmt Ihr Unterbewusstsein auf und Ihre Weltsicht verändert sich. Dies können Sie sogar üben: Beginnen Sie zu lächeln, auch wenn Ihnen nicht danach zumute ist. In kurzer Zeit wird aus dem „unechten" Grimassenschneiden ein immer echteres Lächeln, und plötzlich ist alles schon wesentlich leichter und Sie fühlen sich besser.

Abstand wahren: Es gibt Menschen, die allzu schnell mit Unbekannten vertraulich werden. Dieses Verhalten sollten Sie vermeiden. Es ist auch unangemessen, über andere zu tratschen oder fortwährend Belanglosigkeiten von sich zu geben. Es gibt den „Schwätzer", den manche momentan durchaus unterhaltsam finden können, aber spätestens am anderen Tag wird seine Albernheit entsprechend eingeschätzt. Niemand traut so jemand größere Erfolge zu.

Kluge Verschwiegenheit: Gleich alle Karten auf den Tisch legen lässt keine Spannung aufkommen und provoziert voreilige Kritik. Der Weise behält immer noch etwas für sich. Seine Pläne sollte man nie vollständig offenbaren, sondern erst nach und nach, so wie der Erfolg sich einstellt.

Aufmerksam bleiben: Die Aufmerksamkeit wird laufend von allen möglichen Dingen in Anspruch genommen. So mancher hat seine Ziele nur deshalb nicht erreicht, weil er noch dieses und jenes zu erledigen hatte.

Eine Hilfe sind hier kleine Kärtchen, die man sich für einen Gedanken, ein Vorhaben, ein Ziel oder eine wichtige Angelegenheit in alle Taschen steckt. So wird man im Laufe des Tages immer wieder daran erinnert. Überhaupt helfen oft kleine Tricks, um auf das Wesentliche zurückzukommen. Auch wenn Sie eine Lebensweisheit für wert erachten, über diese öfter nachzudenken, können Sie diese in Form von kleinen Merkhilfen überall anbringen. Mit der Zeit erhalten Sie eine Sammlung von Aussagen oder Sprüchen, die Ihnen wert erscheinen, sich intensiver mit ihnen zu beschäftigen. Diese kann zu einer Art Entwicklungstagebuch werden. Werfen Sie deshalb solche Kärtchen nicht weg, sondern legen Sie diese an einen bestimmten Ort ab, und alle zwei bis drei Monate schauen Sie nach, was Sie beschäftigt hat. Ihre Lebensziele dürfen Sie dabei nicht aus den Augen lassen.

Auf die Gesundheit achten: Für die menschliche Gesundheit sind eigentlich drei Dinge ausschlaggebend: richtige Einstellung, richtige Ernährung und Bewegung. Wenn diese drei Faktoren im Einklang sind, ist die Chance, in Gesundheit alt zu werden, am größten (von angeborenen, ererbten Faktoren einmal abgesehen, aber auch solche schlechten Dispositionen lassen sich verbessern).

Die ***richtige Einstellung*** ist der positive Optimismus. Welche Rolle Ihr Unterbewusstsein hierbei spielt, erläutern wir noch ausführlicher.

Ihr Immunsystem erfährt mit jedem freudigen Ereignis eine positive Verstärkung. Je mehr Erlebnisse Sie sich verschaffen, die Ihnen Freude und Erfüllung geben, desto gesünder bleiben und werden Sie. Dies können Sie sogar noch im Nachhinein pflegen, indem Sie sich an besonders schöne und erfolgreiche Erlebnisse in Ihrem Leben erinnern. Das Wiederaufleben der positiven Gefühle bringt einen Schub an Abwehrkräften mit sich. Andererseits bewirkt Jammern und Klagen genau das Gegenteil. Mutlosigkeit macht sich dann breit und immer pessimistischere Gedanken beherrschen das Weltbild. Dies kann man selbst durchaus steuern.

Die ***richtige Ernährung*** ergibt sich eigentlich aus dem gesunden Menschenverstand: Alles, was zu viel, zu süß, zu fett, zu einseitig ist, schadet auf Dauer. Je mehr Sorgfalt und Liebe in die Zubereitung der Speisen gesteckt wird, desto gesünder sind diese. Hier spielt gefühlsmäßige Konditionierung eine Rolle, doch durch die richtige Einstellung kann man auch schlechte Gewohnheiten in den Griff bekommen.

Sparen Sie nicht beim Essen. Kaufen Sie das Beste. Sie signalisieren damit Ihrem Unterbewusstsein: Ich kann es mir leisten. Dies stärkt Ihr Wohlstandsbewusstsein. Hochwertige, abwechslungsreiche Kost nach dem Motto „Genuss mit Verstand" bringt Ihnen sowohl Lebensfreude als auch umfassende Versorgung.

Bewegung ist Leben. Es ist für Ihre Gesundheit weniger wichtig, welche Arten der Körperertüchtigung Sie wählen, denn Sport und Spiel bringt immer viel positive Lebensenergie. Vernachlässigen Sie Ihren Körper nicht und machen Sie möglichst, was Ihnen Spaß macht: Spazieren gehen, Gartenarbeit, Laufen, Wandern, Fitnessprogramme, Vereinssport, Rad fahren usw. Tägliche Bürstenmassagen bringen Ihren Kreislauf in Schwung und die angeregte Blutzirkulation versorgt alle Zellen besser mit Sauerstoff und Nährstoffen.

Zeichnen Sie ein geistiges Bild eines Menschen, der positiv und erfolgsorientiert lebt. Stellen Sie sich dieses in allen möglichen Bereichen vor. Vielleicht kennen Sie jemand – eventuell auch nur aus Film und Fernsehen –, der diesem Bild nahekommt. Stellen Sie sich selbst in dieser Rolle vor und eine positivere Lebensführung erfolgt wie von selbst.

Vermeiden Sie alle „Hauruckverfahren". Lassen Sie Ihr Erfolgsdenken an vielen Kleinigkeiten Wirklichkeit werden. Akzeptieren Sie sich so, wie Sie sind, und pflegen Sie Ihre positiven Eigenschaften, ohne sich zu verleugnen.

Ab einem bestimmten Punkt geht es wie von allein. Sie müssen sich nur in ein Bild fallen lassen, das Sie als aktiven Erfolgsmenschen zeigt. Es geht nicht darum, perfekt zu werden, aber die vielen kleinen Dinge des Alltags summieren sich und die richtige Reihenfolge kommt in dem Sprichwort zum Ausdruck:

Säe einen Gedanken und du erntest eine Tat.
Säe eine Tat und du erntest eine Gewohnheit.
Säe eine Gewohnheit und du erntest einen Charakter.
Säe einen Charakter und du erntest ein Schicksal.

Sich in schlechten Gewohnheiten gehen lassen verstärkt einen Abwärtstrend. Die Sorgfalt, die Sie darauf verwenden, diszipliniert, aktiv und optimistisch zu leben, kehrt hundertfach in Form von gesteigerter Lebensfreude zu Ihnen zurück. So ist der Lohn ein doppelter: Einmal profitieren Sie direkt von den Bemühungen, sauberer, ordentlicher, pünktlicher, gesünder usw. zu leben, was wiederum indirekt Ihr positives Selbstbild stärkt und von der Außenwelt wahrgenommen wird. So ebnet sich Ihr Erfolgsweg von allein.

Aus dem letzten Weltkrieg gibt es eine Erfahrung, die ich von verschiedenen Kriegsteilnehmern hörte: Wenn ein Soldat aufhörte, sich zu pflegen, zu rasieren usw., dauerte es nicht lange und er kam um, durch eine Kugel oder eine Krankheit. Die mangelnde Aufmerksamkeit sich selbst gegenüber führte zu einer Abschwächung der Lebensenergie, sodass das Ende, das er eigentlich innerlich schon akzeptiert hatte, oft nicht mehr lange auf sich warten ließ. Wer dagegen auch in scheinbar ausweglosen Situationen auf sich bedacht war und ein nahes Ende in seinen Handlungen nicht akzeptierte, hatte wesentlich bessere Überlebenschancen.

Sowohl Ihr Mut wie auch Ihre Hoffnungslosigkeit offenbaren sich in den Kleinigkeiten des Alltags. Oder meinen Sie, dass ein unordentlicher, unpünktlicher Mensch, der nicht viel auf sich hält, vom Schicksal dazu ausersehen ist, große Erfolge zu erringen? Ich nicht.

Wenn Tag für Tag die Botschaft (an das Unterbewusstsein UND an die Umwelt!) vermittelt wird: Ich bin ein disziplinloser Schlaffi, der sich selbst nicht viel wert ist – was soll dann daraus werden?

Wer im Kleinen treu ist, den werde ich über Großes setzen.

Erfolgslektion Nr. 13: Listen und Strategien

Beim Nachdenken über ERFOLG und wie man ihn am besten erlangt, ist es immer ratsam, auch über den eigenen Tellerrand zu blicken. Das Thema ist mit Sicherheit unerschöpflich, und es gibt keine Wissenschaft, die nicht in irgendeiner Form mit ihren Erkenntnissen etwas dazu beitragen kann. Diese Lektion und auch die Lektion Nr. 16 befassen sich mit Wissen, das aus dem alten China überliefert wurde. Nehmen Sie das als Beispiel, dass überall noch weitgehend unentdeckte „Schätze“ verborgen liegen. Schätze, die Ihnen wertvolle Hinweise geben können!

Während in der Lektion Nr. 16 ein geistiges Ur-Prinzip vorgestellt wird, wollen wir in dieser einige Anregungen aus der „Kriegskunst“ aufgreifen.

Östliche Weisheiten klingen auf dem ersten Blick oft ein bisschen paradox: „Das Schwache besiegt das Starke“ – dieser Ausspruch Laotses ist wohl der bekannteste. Oder wie in den Koans, scheinbar „verdrehten“ Sinnsprüchen wie: „Lausche dem ungesagten Wort.“

Ähnlich mutet nun die älteste überlieferte Kriegslist des SUNTSU an:

„Wahrhaft siegt, wer nicht kämpft.“

Da es auch ein Buch mit diesem Titel gibt (erschienen im Verlag Hermann Bauer, Freiburg im Breisgau), will ich mich darauf beschränken, einfach darauf hinzuweisen, dass dieses Buch sehr empfehlenswert ist. Doch der Titel mutet nur oberflächlich betrachtet etwas seltsam an. Was er meint, stimmt nämlich wirklich: dass die Unterlassung eines Krieges zwei Sieger, die Durchführung zwei Verlierer hinterlässt. An diesem Punkt setzt die Überlegung SUNTSUS an: den Krieg vermeiden oder ihn so führen, dass er nicht mit Waffen ausgetragen werden muss.

Der Arzt, der hilft, eine Krankheit gar nicht erst entstehen zu lassen, hätte seinen Beruf mit Sicherheit besser ausgefüllt als einer, der nachher mit seinen guten Ratschlägen versucht zu „heilen". Leider ist dem in der Praxis nicht so, denn die Ärzte verdienen erst dann Geld, wenn die Menschen bereits krank sind, und so verwenden sie nur einen geringen Teil ihrer Arbeit darauf, Krankheiten möglichst durch VORBEUGUNG zu vermeiden.

Wie fängt man es nun an, zu SIEGEN ohne zu KÄMPFEN?

Es gäbe die Möglichkeit, durch diplomatisches Geschick zu versuchen, die Waffen ruhen zu lassen. Dies ist aber nicht immer möglich. Deshalb gibt es in der chinesischen Tradition eine Reihe von Kriegslisten, die speziell für diesen Fall entwickelt wurden, aber in vielerlei Hinsicht interpretiert und angewendet werden können.

Diese Kriegslisten wurden mit dem Ausdruck STRATEGEME übersetzt, und auch hier verweise ich auf die einschlägige Literatur, nämlich das gleichnamige Buch von Harro von Senger (erschienen im Scherz Verlag, Bern, München, Wien).

Doch verweilen wir kurz bei den Strategemen und betrachten sie im Hinblick auf die Brauchbarkeit für unseren individuellen Erfolg.

Wie bei der obersten Kriegslist – zu SIEGEN ohne zu KÄMPFEN – kann man aus ihnen einige Lehren für das Verhalten im Alltag ableiten. Wichtig ist dabei, den SIEG nicht aus den Augen zu verlieren, denn **verlieren** ohne zu kämpfen ist mit Sicherheit keine große Kunst. An anderer Stelle habe ich schon darauf hingewiesen, dass Sie den Erfolg zu sich kommen lassen müssen, gelassen aufnahmebereit sein sollten und ihm nicht hinterherjagen.

Auf Ihrer Erfolgsbahn wird sich so manches Hindernis einstellen, das Sie überhaupt nicht mit einkalkuliert haben. Nun gibt es Menschen, die anscheinend diebische Freude daran haben, jemand anderen wegen irgendeiner NICHTIGKEIT vor den Kadi zu bringen. Und nach langen gerichtlichen Auseinandersetzungen und Streitigkeiten freuen sich die Anwälte, viele schöpferische Kräfte sind sinnlos verpulvert worden, ganz abgesehen von Zeit, Nerven, Geld. Wenn Sie also versucht sind, wegen Kleinigkeiten groß zu streiten, dann erinnern Sie sich an dieses Zitat: „Wahrhaft siegt, wer nicht kämpft", und versuchen Sie, die Situation auf diplomatischem Weg außergerichtlich zu klären.

Im Alltag ergibt sich diese Situation sehr oft. Dies bedeutet natürlich nicht, dass Sie auf Ihr gutes Recht verzichten sollen, sondern genau das Gegenteil: Sie erreichen Ihr Recht, aber nicht mit großem Kampf, sondern möglichst mit List und Strategie.

Einige Highlights aus dem Buch von Harro von Senger will ich Ihnen kurz vorstellen, erfassen können Sie die vielfachen Facetten natürlich nur, wenn Sie es ***selbst*** zur Hand nehmen.

Einige der Strategeme klingen schon sehr tückisch: „Mit dem Messer eines anderen töten" oder „Hinter dem Lächeln den Dolch verbergen". Auch „Eine Feuersbrunst für einen Raub ausnützen" ist schon eine härtere Gangart.

Bei anderen ergibt sich aber ein Sinn, der von vielfachem Nutzen sein kann. Man muss nur dahinterkommen, was eigentlich damit gemeint ist.

Hierzu einige Beispiele. Das erste Strategem heißt: **„Den Kaiser täuschen und das Meer überqueren"**. In der historischen Quelle wird ein Kaiser, der Angst davor hat, das Meer mit seiner Armee zu überqueren, in der Art getäuscht, dass man ihn in ein Haus am Meer einlädt, das in Wirklichkeit ein Schiff ist. Als sie schon mitten auf dem Meer sind, wird ihm erst bewusst, was passiert ist, und die vollendete Tatsache, dass das ganze Heer bereits unterwegs ist, gibt ihm seinen Mut und seine Entschlusskraft wieder.

Aber auch wenn man selbst mutlos wird, kann es ratsam sein, sich selbst ein Schnippchen zu schlagen und durch vollendete Tatsachen dem eigenen Mut auf die Sprünge zu helfen.

Eines meiner Lieblings-Strategeme ist die Nr. 7: ***„Aus dem Nichts etwas erzeugen"***.

Dieses Strategem ist praktisch immer anwendbar. Rufen Sie es sich einfach ins Gedächtnis, wenn Ihnen nichts mehr einfällt, wenn Sie einen geistigen oder kreativen „Stillstand" haben.

Aus dem Nichts etwas erzeugen. Jede schöpferische Leistung wird ja gewissermaßen „aus dem Nichts" erzeugt. In Kriegszeiten wurde dieses Strategem gerne eingesetzt, um dem Gegner vorzugaukeln, man sei stärker, als man eigentlich ist. Auch Gerüchte gehen in diese Richtung. Diese werden oft aus dem Nichts erzeugt, in der Hoffnung, dass schon irgendetwas hängen bleibt. Was dann auch meist der Fall ist.

Es gibt ja noch die andere Variante, dass dem Gegner das Trugbild einer Gefahr vorgegaukelt wird, wo gar keine ist. Wenn er dann bemerkt, dass es sich nur um ein Trugbild handelt, kann er die wirkliche Gefahr nicht mehr erkennen und fällt dieser kampflos zum Opfer.

Sehr interessant ist auch das Strategem Nr. 14: ***„Für die Rückkehr der Seele einen Leichnam ausleihen"***.

Damit ist gemeint, dass man eine alte Idee wieder aufleben lässt, in neuem Gewand oder mit neuer Zielsetzung. Oder umgekehrt: Etwas Neues wird mit einem altehrwürdigen Anstrich versehen. Wenn Sie sich umschauen, werden Sie sehen, dass immer wieder Moden aufkommen, die bereits uralt sind. Hier werden alte Leichen mit neuer Seele gefüllt. Aber auch viele Ideen basieren darauf, alte – und deshalb oft vergessene – Gedanken wieder „aufzuwärmen". Oft werden große Erfolge daraus, weil manchmal die Menschen erst später reif für eine Idee sind.

Im Rentrop-Verlag gibt es sogar ein Buch mit dem Titel „Der große Ideenklau", das einige Techniken beschreibt, wie man sich von bereits vorhandenen Ideen inspirieren lassen kann.

Als sehr wichtig erachte ich auch das Strategem Nr. 16: ***„Will man etwas fangen, muss man es zunächst loslassen"***.

Dies ist eine sehr raffinierte Taktik, das Herz seines Gegners zu gewinnen. Dieses Strategem wirkt auch hervorragend, wenn man sich in ein gedankliches Problem verbeißt. Loslassen bringt oft den nötigen Abstand und plötzlich kommt die „Erleuchtung" wie von allein.

Aber auch in der Erziehung und im zwischenmenschlichen Bereich ist dieser Rat von großer Bedeutung. Echte Liebe und gute Erziehung lebten immer vom Loslassen. Wer die Nähe **erzwingen** will, kann nicht das Herz gewinnen.

In eine ähnliche Richtung geht das nächste Strategem: ***„Einen Backstein hinwerfen, um einen Jadestein zu erlangen"***.

Indem man etwas Wertloses bereitwillig opfert, kann sich ein größerer Gewinn einstellen. Denken Sie an die Regel: „Kleine Geschenke erhalten die Freundschaft". Doch auch hier gibt es viele Anwendungsmöglichkeiten. Wie oft ist es notwendig, einen Schritt als Erster zu tun. Der andere wird dadurch milde gestimmt und geht seinerseits auf Sie zu.

Einige Strategeme sprechen für sich: „Verrücktheit mimen, ohne das Gleichgewicht zu verlieren“ oder „Dürre Bäume mit künstlichen Blumen schmücken“. Auch das „Strategem der schönen Frau“ oder das „Strategem des Zwietrachtsäens“ eröffnen interessante Aspekte.

Das letzte der 36 Strategeme lautet: „Weglaufen ist (bei völliger Aussichtslosigkeit) das beste (der 36 Strategeme).“

Wieweit Sie in diese Materie eindringen wollen, bleibt Ihnen überlassen. Seien Sie sich aber bewusst, dass ALLE, die etwas erreichen wollen, in irgendeiner Weise zu Listen und Strategien greifen. Allein, wenn Sie Ihren Blick dafür schärfen, was „hinter“ so manchem Handeln steht, werden Sie vieles anders einordnen können.

Denn auch wenn Sie selbst nicht bewusst zu Strategemen greifen – die anderen tun es: sei es in der Politik, der Werbung oder der Religion. Überall werden „Täuschungsmanöver“ durchgeführt, und wer auf der Hut ist, wird nicht so leicht hereingelegt.

Hier fügt sich das Zitat des chinesischen Weisen Hong Zicheng an:

**„Ein die Menschen schädigendes Herz darf man nicht haben –
aber ein sich vor den Menschen in Acht nehmendes Herz ist unverzichtbar!"**

Es ist nicht damit getan, das Beste zu wollen. Blicken Sie ruhig einmal aus einem völlig anderen Blickwinkel auf eine Sache. Oft eröffnen sich völlig andere Zusammenhänge.

Diese Anmerkungen dienen auch dazu, Ihren Realitätssinn zu schärfen. Sie brauchen nicht etwas zu wittern, wo nichts ist. Doch oft sind die Absichten, die offenbar sind, nicht die ***wahren***.

Gewöhnen Sie sich an, nicht allzu vertrauensselig zu sein. Halten Sie mit Ihren eigenen Absichten ruhig ein bisschen hinter dem Berg. Verraten Sie nicht alles, was Sie vorhaben. Zu schnell könnte es zerredet, imitiert oder gegen Sie verwendet werden.

Eine kleine List, eine geheime Strategie, ist nichts Unehrenhaftes. Oft ist es notwendig, durch Umwege zum Ziel zu gelangen. Planen Sie ruhig wie ein Schachspieler mehrere Züge im Voraus und berücksichtigen Sie die Züge der anderen. Wenn Sie hier ein Gespür entwickeln, was die anderen eigentlich bezwecken, sind Sie den Listen und Strategien nicht hilflos ausgeliefert, sondern können selbst agieren, anstatt nur zu reagieren.

Denken Sie an die Worte Jesu:

„Seid ohne Falsch wie die Tauben. Seid klug wie die Schlangen."

Erfolgslektion Nr. 14: Entwickeln Sie Ihr „Geldbewusstsein"

Selten gibt es Bereiche, die so mit Vorurteilen und Tabus behaftet sind wie der Themenbereich „Geld". Dabei ist es für unsere seelische Gesundheit wichtig, eine entspannte Haltung gegenüber Geld einzunehmen. Einige Aspekte wollen wir hier etwas genauer unter die Lupe nehmen.

Ohne jetzt lange über das Wesen des Geldes zu spekulieren: In Ihrem Verhältnis zum Geld und dem Umgang damit spiegeln Sie Ihre innere seelische Befindlichkeit wider.

In der Schule und von den Eltern, teilweise auch von den Banken wurde uns eingetrichtert, für „Notzeiten zu sparen". Sparen kann neben den anderen Möglichkeiten, Geld „arbeiten" zu lassen, eine gute und sinnvolle Sache sein. Doch für „Notzeiten"? Erkennen Sie, dass mit einer solchen Denkweise Notzeiten akzeptiert und erwartet werden? Indem Sie sich bei jedem Sparvorgang an eine zukünftige Notzeit erinnern, programmieren Sie sich unbewusst: Es muss einmal eine solche Notzeit kommen. Und wenn man etwas das ganze Leben lang erwartet, dann kommt es auch.

Nur hat uns die Geschichte gezeigt, dass die Menschen, die für Notzeiten gespart hatten, dann als diese wirklich da war, auch nichts davon hatten. Denn die Inflation hatte das Geld wertlos gemacht.

Ihre Einstellung zum Geld ist der entscheidende Faktor. Nicht die Menge des Geldes, das Sie besitzen oder anhäufen, entscheidet, ob Sie „arm" oder „reich" sind, sondern Ihre Vorstellung davon. Auch die Menge eventueller Schulden spielt keine Rolle. Im Gegenteil: Wenn

Sie Schulden haben, hatte jemand in Sie das entsprechende Vertrauen, dass Sie diese Summe „wert“ sind.

Geld ist eine ganz faszinierende Sache. Es ist allgegenwärtig. Es gibt nirgends Menschen, die kein Geld oder etwas Entsprechendes bei sich haben.

Geld hatte von seinem Ursprung her immer auch einen religiösen oder anderweitig transzendenten Aspekt.

Lernen Sie, mit Geld in der richtigen Weise umzugehen. ***Dabei ist es wichtig, dass Sie in sich das Vertrauen haben, jederzeit wieder zu Geld zu kommen.***

Immanuel Kant sagte:

„Geld ist (...) eine Sache, deren Gebrauch nur dadurch möglich wird, dass man sie veräußert.“

Erst wenn das Geld „fließt“, kommt es zu seiner Bestimmung.

Sie können sich nun beobachten: Haben Sie Angst, ärmer zu werden, wenn Sie Geld ausgeben?

Geld ist dazu da, Ihr Leben schöner zu machen. Bei jeder Geldausgabe können Sie Ihr Wohlstandsbewusstsein trainieren. Geben Sie es gern aus und machen Sie sich dadurch eine Freude. Immer wenn Sie sich etwas „leisten“, tun Sie es in dem Bewusstsein, dieses zu verdienen und die nötigen Mittel zu haben.

Ganz nebenbei: Die qualitativ höherwertigen Dinge sind trotz eines höheren Preises sehr oft billiger als das Billige, das wegen seiner schlechten Qualität rasch kaputtgeht. Ein Nebeneffekt ist das Ansehen, das Sie mit dem möglichst Besten erwerben.

Das Gleiche geschieht, wenn Sie sich an die schon erwähnte goldene Regel halten, 10 % Ihrer Einnahmen für einen guten Zweck zu spenden. Das daraus resultierende Bewusstsein bewirkt, dass Sie sich selbst reicher fühlen. Wer gern gibt, ist reich, denn er kann es sich erlauben.

Geld ist eine Widerspiegelung Ihrer Einstellung. Geld ist nichts Schmutziges, und es hat nichts an sich, dass man es aus irgendeinem Grunde verachten sollte. Insgeheim tun dies aber viele Menschen. Es gibt nämlich Menschen, die aus GeldGIER stehlen, rauben, morden, Kriege anfangen und was noch alles. Deshalb meinen viele Menschen, Geld sei schlecht. Und es sei unehrenhaft, allzu sehr nach Geld zu streben.

Doch genau die Menschen, die aus niederen Motiven nach einem Anteil streben, der ihnen gar nicht zusteht, verdeutlichen, wie sich ein falsches Geldbewusstsein auswirkt. Wenn man auf unehrenhafte Weise zu Geld kommen will, zeigt man ja, dass man sich nicht in der Lage fühlt, ehrlich weiterzukommen. Und genau dies ist Armutsbewusstsein: mangelndes Selbstvertrauen und eine Verachtung des Ich, des anderen und des Geldes.

Geld kommt gern zu lustigen, kreativen, freudigen Menschen, die das Leben bejahen.

Es will nicht eingesperrt werden. Geiz ist eine andere Form mangelnden Geldbewusstseins. Durch übermäßiges Zurückhalten des Geldes wird der Kreislauf unterbrochen. Sich selbst nichts zu gönnen ist wohl der schlimmste Fehler im Umgang mit Geld.

„Das letzte Hemd hat keine Taschen“ – sagt der Volksmund. Es ist nicht möglich, etwas auf seine letzte Reise mitzunehmen. Doch als Reisebegleiter durchs Leben ist Geld eine feine Sache. Deshalb sollten Sie es lieben und ehren. Nicht vergöttern. Natürlich ist Geld nicht das Wichtigste im Leben und viele Dinge wie Gesundheit, Liebe, Freude und tausend andere Sachen können direkt mit Geld nicht aufgewogen werden.

Doch Geld ist das wichtigste Kommunikationsmittel zwischen den Menschen. Beim Prediger Salomo 10,19 finden wir die Worte:

„Geld macht alles möglich.“

Und Dostojewski schrieb:

„Geld ist geprägte Freiheit.“

Weil es eine so große Bedeutung im menschlichen Leben hat, meinen viele Menschen, Geld müsse schwer zu verdienen sein. Und genau durch diese Einstellung IST es dann auch schwer zu verdienen. Wenn Sie fröhlich und locker mit Geld umgehen, werden Sie merken, dass es auch sehr leicht zu Ihnen hinfliegen kann. Sie müssen nur diesen Gedanken fördern. Nehmen Sie Ihrer Einstellung zum Geld das Schwere, Niederdrückende. Geld ist nicht alles, aber es ist ein lieber Zeitgenosse. So wie Sie sich innerlich weiterentwickeln, entwickelt sich auch Ihr materieller Wohlstand. Armut ist keine Tugend. Ein positives Geldbewusstsein ist ein Ausdruck Ihrer seelischen Reife.

Beachten Sie dabei die Geldgesetze. Geld hat vier Grundfunktionen, die man in einer gesunden Balance halten sollte:

- Geld muss VERDIENT werden.

- Man kann es AUSGEBEN,

- man kann es SPAREN und

- man kann es INVESTIEREN.

Geld VERDIENEN bedeutet, einen Dienst an der Menschheit zu leisten, der Ihnen vergolten wird. Ihr eigentlicher Reichtum ist Ihr Geist. Durch Ihren Geist bewerkstelligen Sie, dass Geld zu Ihnen kommt.

Ihren Verdienst sollten Sie stetig zu steigern versuchen, auch durch neue Wege. Ihre berufliche oder gesellschaftliche Stellung ist dabei zweitrangig.

Beim GeldAUSGEBEN offenbaren Sie Ihren Charakter. Natürlich wäre es unsinnig, mehr Geld auszugeben, als man hat. Genau das tun allerdings sehr viele Menschen. Wenn Sie Geld ausgeben, das Ihnen gar nicht gehört, werden Sie ärmer. Wenn Sie Geld ausgeben, das Sie ehrlich verdient haben, werden Sie reicher.

SPAREN bedeutet, den Überfluss zur Mehrung Ihres inneren und äußeren Reichtums beiseitezulegen. (Dass es falsch wäre, für „Notzeiten“ zu sparen, haben Sie oben schon erfahren.) Sie sparen, um reich zu bleiben und REICHER zu werden – nicht nur materiell, sondern auch geistig.

INVESTIEREN bedeutet, das Geld nutzbringend arbeiten zu lassen.

An dieser Stelle schließt sich der Kreis. Sie investieren, um zu verdienen. Andere geben Geld aus, das bei Ihnen landet. Sie erwirtschaften einen Überschuss, den Sie beiseitelegen oder neu investieren können. Dabei können Sie bei einer INVESTITION nicht übertreiben: der Investition in sich selbst. Ihre Weiterentwicklung – körperlich, seelisch und geistig – sollte Ihre wertvollste Investition sein.

Wenn Sie an Geld denken, welche Gefühle steigen in Ihnen hoch? Kommen Ängste, Sorgen hoch? Oder ein Wohlbehagen, weil Sie wissen, dass Sie in jeder Lage wieder so viel Geld verdienen könnten, wie Sie sich wünschen?

Nehmen Sie öfter mal einen Geldschein in die Hand und betrachten ihn ganz genau. Befühlen Sie ihn, entwickeln Sie ein „Gespür" dafür.

Neben dem bereits empfohlenen Buch von J. Lester: „Nie mehr Geldsorgen" (siehe Erfolgslektion Nr. 3), möchte ich Ihnen die erfrischende Lektüre des Buches von Ralph Tegtmeier empfehlen, „Der Geist in der Münze" (Goldmann-Taschenbuch).

Es gibt auch „Geldseminare", die das Ziel haben, das Geldbewusstsein der Teilnehmer zu stärken. Doch es reicht für Sie, wenn Sie anfangen, eine lockere und positive Haltung gegenüber dem Geld zu entwickeln.

Ein irisches Sprichwort lautet:

„Geld schwor einst einen Eid: Niemand, der es nicht liebte, sollte es haben."

In dem Buch von J. Lester können Sie erfahren, wie Geldsucht es unmöglich macht, zu Reichtum zu kommen. Geldsucht ist nämlich ein Hindernis dafür, dass Geld gern zu Ihnen kommt. Wie man Geldsucht behandelt, erfahren Sie dort ebenfalls.

Alle die vielen Opfer der Anlagebetrüger fallen immer wieder ihrer Geldsucht zum Opfer. Geld zu lieben bedeutet eben nicht, krampfhaft oder durch Tricks zu Geld zu kommen versuchen, sondern es zu erwarten, offen dafür zu sein und seinen Teil dazu beizutragen, dass es gern zu Ihnen kommt.

GELD ist CHARAKTERSACHE.

Reichtum spielt sich im Kopf ab.

Ohne Geld bist du ein Wurm, mit Geld ein Drache.

(chinesisches Sprichwort)

Erfolgslektion Nr. 15: Das Wunder Ihrer Geisteskraft

„Alles, was der menschliche Geist erfassen kann, kann er auch verwirklichen."

Dieses Zitat von Clement W. Stone drückt eine Wahrheit aus, die immer wieder vehement verkannt wird.

Ich hatte einmal einen eineinhalbstündigen Vortrag über dieses Thema gehalten, anschließend sagte einer der Zuhörer: „Ich möchte ja gern fliegen, aber es geht nicht."

Er zeigte mit diesem selbst gewählten Beispiel die Grenzen „seines" Geistes auf. Ich brauchte ihm nur von Ikarus, dem Schneider von Ulm, den Gebrüdern Wright und Otto Lilienthal erzählen, um dann mit den Paraglidern und Drachenfliegern den einfachsten und eindrucksvollsten Beweis dafür zu bieten, dass Menschen sehr wohl fliegen können. Mit und ohne Flugzeuge, Drachen oder was auch immer. Für diesen aufgeschlossenen Zuhörer war genau das der kleine Funke, den er noch brauchte, um die grenzenlose Kraft des menschlichen Geistes anzuerkennen.

Hilfsmittel sind natürlich erlaubt, der Mensch wäre kein geistbegabtes Wesen, wenn er ohne seine technischen Mittel auskommen wollte. Umso erstaunter war ich, dass gerade dieses Argument gekommen war, da ich noch 5 Minuten vorher den Schlüsselsatz des Lösungsdenkens in den Vordergrund gestellt hatte:

„Überlege nicht, wie du nicht kannst, überlege, wie du kannst."

Es gäbe viele Sätze, die es wert sind, aufgeschrieben und in jedem Zimmer aufgehängt zu werden. Doch bei diesem möchte ich es Ihnen wirklich empfehlen. **Und lernen Sie ihn auswendig!** Immer wenn in Ihren Gedanken das Wort „geht nicht" auftaucht, wenn Sie Probleme sehen oder nach Ausreden suchen, warum etwas NICHT funktioniert, dann sagen Sie sich leise diesen Satz vor.

Es gibt immer Gründe, warum etwas NICHT klappt. Mit einigem Überlegen finden Sie mindestens ebenso viele Gründe, **warum** es klappen kann.

Ich bin fest davon überzeugt, dass wir alle noch viel zu sehr in einem Gefängnis sitzen. In einem geistigen Gefängnis aus Gitterstäben, die wir nicht mehr sehen, weil sie uns zur Gewohnheit geworden sind. Dies sind die „Denkregeln", die Normen, mit denen wir aufgewachsen sind und die wir nicht mehr infrage stellen, weil sie zu unserer zweiten Natur geworden sind.

Es ist so wie mit den Elefanten: Wenn sie noch ganz klein sind, dann werden sie an einen ganz dicken Eisenpfosten gebunden. Tag und Nacht versuchen sie, davon loszukommen. Sie schaffen es nicht, denn der Eisenpfosten ist riesengroß und schwerer als sie selbst.

Dann gewöhnen sie sich daran, angebunden zu sein.

Als großer Elefant reicht dann ein winziger Holzpflock aus, um den Elefanten festzubinden. Er könnte theoretisch einfach fortspazieren. Doch er hat es ja als kleiner Elefant tausendmal versucht und es ging nicht. Nun glaubt er, diese Schnur und der Holzpflock sind noch genauso stark wie der dicke Eisenpfosten. Als erwachsenes Tier bleibt er nun immer an der Stelle, an der man ihn einfach mit einem kleinen

Holzpflock anbindet. Nur wenn z. B. ein Feuer ausbricht, vergisst er seine Konditionierung und rennt einfach davon.

In der Zarenzeit gab es in Russland ein Gefängnis, das den Ruf hatte, vollkommen ausbruchsicher zu sein. Wer dorthin kam, wusste: Hier gibt es kein Entrinnen. Jeder Mitgefangene sagte es ihm. Die ganze Gesellschaft war dieser Meinung und es schien aus den Mauern zu sprechen: Hier bist du im sichersten Gefängnis der Welt. Jeder Ausbruchsversuch ist zwecklos.

In Wirklichkeit war dieses Gefängnis fast überhaupt nicht gesichert. Man hätte ohne große Mühe ausbrechen können. Doch niemand wagte es, da es „sowieso zwecklos war".

In genau dieser Situation befinden wir uns in so vielen Fällen.

Die Vorstellungen über die Grenzen Ihres Lebens, was Glück, Einkommen, Erfüllung usw. betrifft, sind imaginär. Sie existieren nicht wirklich. Nur weil sie es täglich eingeflüstert bekommen, müssen diese nicht zutreffen.

„Überlege nicht, wie du nicht kannst, überlege, wie du kannst."

Ich kenne Ihre Ziele nicht. Sie haben sich nach den Anweisungen in den ersten Lektionen sicher einige aufgeschrieben.

Wenn nicht, dann machen Sie dies jetzt.

Schreiben Sie sich zuerst total verrückte Wunschziele auf. Dann bringen Sie diese in eine Form, die Ihren wirklichen Wünschen entspricht.

Viele Ziele sind nämlich oft gar nicht ernst gemeint, andere beinhalten Konsequenzen, die Sie mitberücksichtigen müssen, weil Sie diese gar nicht tragen können oder wollen.

Es ist auch wichtig, dass Sie einen Zeitrahmen vorgeben. Zum Beispiel: In einem Jahr, also am 16. August 2011, sitze ich in einem weißen Mercedes 350 mit roten Ledersitzen und einer Zedernholzvertäfelung. Das Auto ist voll bezahlt. Es hat eine Klimaanlage und eine automatische Gangschaltung.

Wenn Sie nun genau dieses Ziel vor Augen haben, dann ist es jetzt Ihre Aufgabe, dieses Ziel entsprechend den Techniken, die Sie in den ersten Lektionen gelernt haben, zu visualisieren.

Dies geschieht folgendermaßen: Sie versetzen sich bildlich immer wieder in Situationen, die mit der **Erfüllung** Ihres Zieles zusammenhängen.

Sie öffnen die Autotüre (der Geruch im Innern eines neuen Wagens ...), Sie machen es sich bequem. Der Stereo-Lautsprecher spielt Ihre Lieblingsmusik. Sie sehen alle Einzelheiten ganz genau. Sie spüren den Schlüssel, wie Sie ihn umdrehen. Sie lenken das Fahrzeug durch Ihre Stadt. Die Menschen draußen winken Ihnen zu. An bestimmten Stellen, die Sie in der Gegenwart täglich passieren, sehen Sie sich vorbeifahren ...

Sie können noch andere Einzelheiten visualisieren: Wie Sie den Kfz-Brief studieren, es steht Ihr Name drin, Sie sehen alle Daten vor sich, auch die Fahrgestellnummer, den Tag der ersten Zulassung usw. Sie spüren das Spezialpapier des Kfz-Briefes in Ihren Händen. Sie schließen die erforderliche Versicherung ab. Sie sehen alle Daten auf dem Antrag. Sie verabschieden sich lachend von Ihrem Versicherungsvertreter.

Diese mentale Technik der Visualisierung Ihrer Wünsche und Ziele sollten Sie täglich üben. Der Trick dabei ist, dass Ihr Unterbewusstsein diese Botschaften direkt empfangen kann. Um aber aufnahmebereit dafür zu sein, bedarf es eines bestimmten Zustandes der **Entspannung.**

Wenn Sie solche Visualisierungen im normalen Wachzustand machen, schiebt sich eine Verstandesbarriere zwischen Ihr Unterbewusstsein und Ihre Zielvorstellungen und „zensiert" Ihre Bilder. Sie müssen sich dabei in einem sogenannten Alpha-Zustand befinden. Zu erläutern, wie Sie diesen bewusst herbeiführen, führt im Rahmen dieser Lektionen zu weit. Dies ist auch gar nicht notwendig. Zweimal am Tag sind Sie nämlich „automatisch" in diesem aufnahmebereiten Zustand: kurz vor dem Einschlafen und kurz nach dem Aufwachen.

Es ist also ein Leichtes, im Zustand zwischen Wachen und Träumen diese Situationen mit den erfüllten Wünschen plastisch Gestalt annehmen zu lassen. Wenn Sie dies TÄGLICH tun, erreichen Sie ALLES, was Sie sich dergestalt plastisch ausmalen.

„Je klarer das Ziel, desto klarer der Erfolg."

Dieses Wort von Vera Birkenbiehl kann Ihnen hier eine Leitschnur sein.

Um Ihre Ziele Wirklichkeit werden zu lassen, reicht es nämlich NICHT, einfach nur Worte aufzusagen wie „Ich bin reich" oder „Ich habe viel Geld". Es reicht auch nicht, zu sagen: „Ich habe ein schönes Haus."

Jede Einzelheit muss klar vor Ihrem geistigen Auge stehen. ALLE Sinne müssen beteiligt sein: Das Auge, das Ohr, Ihr Geruchssinn, auch Ihr Geschmack und Ihr Tastsinn werden benötigt. Je genauer und intensiver sich Ihre geistigen Bilder „spüren" lassen, desto sicherer tritt der Erfolg ein. Warum dies so ist, dazu werden wir in der Lektion Nr. 18: „Die Macht des Unterbewusstseins", noch einige Überlegungen anstellen.

Ein schönes Haus – dies sagt zum Beispiel noch fast gar nichts aus. Welche Farbe hat der Teppich? Wie fühlt sich die Wärme an, wenn Sie im Winter eintreten? Wie riecht es? Wie sieht das Schild aus, das an der Haustüre angebracht ist? In welchen Buchstaben erscheint dort Ihr Name? Ist die Haustüre aus Holz, aus Metall, Glas? Welches Muster, welche Maserung hat sie? Spüren Sie, wie Sie Ihren Schlüssel ins Schloss stecken. Ihre Kinder begrüßen Sie freudig ...

Sie können jedes Bild, das Sie sich wünschen, auf diese Art in Ihrem Innern pflegen, bis es Wirklichkeit geworden ist. Stecken Sie sich genaue Zeitrahmen und formulieren Sie kleinere und größere Ziele.

Und denken Sie daran:

Ihre Grenzen befinden sich genauso in Ihrem Kopf wie Ihre Möglichkeiten.

Es ist nicht notwendig, sich Gedanken darüber zu machen, wie Ihr Wunsch in Erfüllung gehen soll. Es reicht, wenn Sie sich geistig in den Situationen befinden, die bereits die Erfüllung Ihres Wunsches zur Bedingung haben.

Mit dieser mentalen Technik, die Sie Tag für Tag anwenden können, ist alles möglich: Übergewicht verlieren, sportliche Höchstleistungen vollbringen, materielle Dinge, Reichtum, Freude, Erfüllung, Liebe, bessere Gesundheit. Ja, es gibt keinen Lebensbereich, den Sie so nicht **spürbar** „verbessern" können.

Voraussetzung dafür ist der entspannte Zustand. Es ist nicht möglich, durchschlagende Erfolge zu erzielen, wenn man verkrampft an die Sache herangeht.

Natürlich können Sie solche Techniken belächeln. Doch jeder, der Visionen verwirklichte, jeder, der Erfolg hatte oder Neues erfand, hat sich in der einen oder anderen Form – vielleicht auch unbewusst – dieser Techniken bedient.

Und jeder, der unzufrieden in den Tag hineinlebt und alles für bare Münze nimmt, was ihm einmal erzählt wurde, wird ohne solche Techniken immer dort bleiben, wo er schon sein ganzes Leben lang war: in seinem eigenen geistigen Gefängnis, das ihm den Zutritt zu den Freuden und Schönheiten dieses Lebens verwehrt.

Alles, was der menschliche Geist erfassen kann, kann er auch verwirklichen.

Es ist sonst nicht meine Art, etwas zu wiederholen. Doch diese Erkenntnisse sind oft nicht auf einmal zu erfassen.

Sie setzen und akzeptieren Ihre Grenzen selbst!
Genauso sprengen Sie Ihre Fesseln selbst –

durch das Wunder IHRER GEISTESKRAFT!

Erfolgslektion Nr. 16: Eine 5000 Jahre alte Erfolgslehre – hochmodern

In dieser Lektion werden Sie einige erstaunliche Dinge erfahren. Ob Sie hier tiefer in die Materie eindringen oder nur einige Erkenntnisse für Ihren momentanen Erfolg daraus ziehen, bleibt Ihnen überlassen.

Ich stehe jedenfalls höchst verwundert vor folgender Tatsache: Ein gewisser FU HI hat 3000 Jahre v. Chr., also vor etwa 5000 Jahren, ein System niedergeschrieben, das als „I GING – Das Buch der Wandlungen" auch bei uns eine gewisse Verbreitung z. B. als Orakelbuch gefunden hat. Richard Wilhelm hat es übersetzt und es ist im Eugen Diederichs Verlag erschienen.

Doch nun kommt es:

* In diesem Werk wurzeln die zwei wichtigsten Zweige der chinesischen Philosophie: der Taoismus und der Konfuzianismus.

* C. G. Jung hat nach dem Lesen dieses Werkes seine auf sogenannte Archetypen aufbauende Psychologie des Unbewussten entworfen. Dies sind universelle Bilder, die, dem „kollektiven Unbewussten" zugehörig, bei der gesamten Menschheit in jeweiligen Entsprechungen vorkommen.

* Das Leibniz'sche Modell des binären Zahlencodes – ohne den der Computer nicht denkbar wäre – beruht auf dem gleichen Ur-Prinzip wie das I GING.

* Martin Schönberger hat in seinem Buch „Verborgener Schlüssel zum Leben – Weltformel I GING und genetischer Code“ (Scherz Verlag, Bern und München) nachgewiesen, dass der Aufbau der DNS, also des genetischen Ur-Bausteins allen Lebens, genau nach demselben Bauplan funktioniert wie das I GING.

Der genetische Code ist also genauso aufgebaut wie dieses System, das vor 5000 Jahren niedergeschrieben wurde!

Es gäbe noch einige Parallelen, doch dies mag genügen.

Das I GING ist kein religiöses Buch oder eines mit weltanschaulichen Ansichten. Es beschreibt mittels BILDERN Zustände von Entwicklungen – besser von Wandlungen.

„Das I GING beansprucht also nichts weniger, als ein erschöpfender Katalog aller Naturabläufe, Prozesse, Entwicklungen zu sein, für alles, was als unterscheidbare Welt existiert (...).“

So Martin Schönberger in dem oben angegebenen Buch, S. 48.

Warum bemühen wir nun im Zusammenhang mit dem I GING das Jung'sche kollektive Unbewusste, den Taoismus und den Konfuzianismus sowie das binäre Zahlensystem und den genetischen Code? Die Feinheiten des I GING haben wahrscheinlich Tausende von Gelehrten, die sich ein ganzes Leben lang damit beschäftigten, nicht vollständig erfasst. Ich will Ihnen deshalb auch nicht die Grundprinzipien vorführen oder die Bilder erklären – dies alles würde zu weit führen. Doch ich finde, dass wir mit unserer Zivilisation an einem Punkt angelangt sind, der uns ZWINGT, intensiv nachzudenken. Nachzudenken über die Ordnung, die wir im Begriff sind, so weit zu zerstören, dass das Überleben der ganzen Menschheit auf dem Spiel steht.

In Büchern wie Fritjof Capras „Wendezeit" oder in Frederic Vesters Schlagwort vom „vernetzten Denken" kommen bereits Versuche zum Ausdruck, neue Denkweisen populär zu machen. Genau diese Punkte, die uns dahin geführt haben, wo wir heute sind, sind im I GING nach einem völlig anderen Grundprinzip dargestellt.

Danach kann uns nicht das dualistische Prinzip (hier Geist – da Körper / hier Mann – dort Frau / hier Licht – dort Dunkel / hier Natur – dort Kultur etc.) weiterbringen, sondern der Denkansatz muss GANZHEITLICH, d. h. nach dem Polaritätsprinzip ausgerichtet sein. Jedenfalls, wenn wir als Menschheit überleben wollen.

Nun, warum erzähle ich das in einem Erfolgskurs?

Erstens können Sie für sich einige Weisheiten aus den Gedanken des I GING ziehen (s. u.).

Zweitens – und das ist noch entscheidender – werden **große Ideen**, die die Zukunft meistern, den Erfolg von heute und morgen begründen.

Es ist also nicht egal, auf welche Art uns Weise Sie versuchen, das große Geld zu machen. Ich will deshalb dafür plädieren, dass Sie „auf der Höhe der Zeit" sind. Dazu genügt es zuerst schon, zu wissen, dass ALLES zusammenhängt. Sie können zum Beispiel nicht für andere etwas **gut**heißen, aber dasselbe z. B. für sich oder Ihre Kinder ablehnen.

Sie erinnern sich vielleicht noch an Francis Ford Coppolas Kinofilm „Der Pate", Teil 1, in dem Marlon Brando die Hauptrolle spielt. Er wehrt sich dagegen, dass Rauschgift verkauft wird. Auch die Mafia hat gewisse Grenzen (oder auch nicht – die Filmwirklichkeit ist immer anders ...), der Autor will hier aber zeigen, dass man ethische Grundsätze braucht.

Wenn Sie nun wissen, dass ALLES mit ALLEM zusammenhängt, gehen Sie mit Ihren Erfolgsideen völlig anders um, als wenn Sie nur isoliert einen Teilaspekt betrachten – nur weil er Geld bringt. Beispiele gäbe es Tausende: Denken Sie an aus Profitgier abgeholzte Regenwälder, das Elend der Dritten Welt, hervorgebracht durch die Gewinnsucht multinationaler Konzerne usw. UNSER Klima geht dadurch ebenfalls kaputt, und UNSER Wohlstand ist gefährdet, wenn sich irgendwann einmal nicht Zehntausende, sondern einige Hundert Millionen Menschen aufmachen, um in Europa ein besseres Leben zu finden, weil ihre Lebensgrundlagen dort, wo sie aufgewachsen sind, zerstört sind.

Diese Beispiele lassen sich im Großen und im Kleinen endlos weiterführen. In der Chaostheorie gibt es den Spruch: Ein Flügelschlag eines Schmetterlings in Argentinien kann einen Hurrikan in Florida auslösen. Durch Multiplikationsprozesse und Interferenzen kann sich nämlich auch eine winzige Ursache zu riesigen Wirkungen emporschaukeln.

Und welcher Denkansatz wäre wohl als Lösungsansatz für alle diese Probleme geeignet? Doch wohl eher einer, der genau wie der genetische Code – die Grundlage ALLEN LEBENS – aufgebaut ist als irgendeine moderne Theorie ohne Fundament.

Hier können sich zukünftige Nobelpreisträger austoben.

Für uns hat dies einige einfache Konsequenzen: Wenn alles miteinander in Verbindung steht, die Dauer im Wandel besteht, dann können wir uns, wenn wir unser kleines Leben betrachten, besser als TEIL eines großen Ganzen begreifen.

Der Grundgedanke des I GING ist der, dass der Wandel das Einzige ist, das von Dauer ist.

Allein dieser Gedanke beinhaltet viel Weisheit, die für unser alltägliches Leben viel Zuversicht birgt:

- Ihre schlechteste, unglücklichste Zeit – sie geht vorbei.

- Genauso wie das Glück nicht von Dauer ist, ist auch das Unglück nicht von Dauer.

- Auf den trübsten Tag folgt Sonnenschein.

Das I GING basiert auf einem Ausgleich der Kräfte. Die Wandlungen gleichen so Einseitigkeiten aus. Symbolisiert wird dies durch das durch das YIN-YANG-Zeichen:

Dieses Zeichen symbolisiert Himmel und Erde, Mann und Frau, Licht und Dunkel, Gut und Böse, Leben und Tod usw. Aber nicht wie in unserem Denken dualistisch getrennt, sondern als Teil einer Einheit.

Dort, wo der Himmel am dunkelsten ist, erscheint wieder das Licht (Wintersonnenwende), dort, wo das Licht am hellsten ist, erscheint das Dunkel. Kein Mann ist nur Mann, in seinem tiefsten Innern gibt es auch weibliche Elemente etc. Die Harmonie dieser Elemente in einem ausgewogenen Zustand ist das, was angestrebt wird. Wenn ein Prinzip die Oberhand gewinnt, regt sich im tiefsten Innern der andere Teil, das entsprechende (nicht gegensätzliche!) Prinzip.

Auch wenn man einige Leitsätze des I GING aus dem Zusammenhang reißt, beinhalten diese doch tiefe Weisheit:

Das Schöpferische wirkt erhabenes Gelingen, fördernd durch Beharrlichkeit.

Wenn Sie schöpferische Ideen haben – erst die Beharrlichkeit fördert das Gelingen.

Die Anfangsschwierigkeit wirkt erhabenes Gelingen. Fördernd durch Beharrlichkeit.

Wie oft ist man versucht, bei Anfangsschwierigkeiten die Flinte ins Korn zu werfen. Dabei ist sie es, die dem Gelingen vorausgeht.

Das Warten.

Wenn du wahrhaftig bist, so hast du Licht und Gelingen.
Beharrlichkeit bringt Heil.
Fördernd ist es, das große Wasser zu überqueren.

Mancher lange Weg muss zurückgelegt werden. Doch wer wahrhaftig ist, dessen Warten wird belohnt.

Das Zusammenhalten bringt Heil.
Wer zu spät kommt, hat Unheil.

(Als Urheber dieses Zitates wird immer Gorbatschow zitiert – vielleicht hat er sein berühmtes Zitat von hier?)

Himmel und Erde vereinigen sich: das Bild des Friedens.

Die Stockung.

Schlechte Menschen sind nicht fördernd für die Beharrlichkeit des Edlen.

Sage mir, welchen Umgang du hast ...

Gemeinschaft mit Menschen im Freien: Gelingen.

Wie wichtig ist es doch, mit anderen Menschen im Freien – nehmen Sie dies am besten in doppelter Bedeutung – zusammen zu sein.

Die Nachfolge hat erhabenes Gelingen.
Fördernd ist es, den großen Mann zu sehen.

Lehrer und Weise können gute Ratschläge geben.

Das Durchbeißen hat Gelingen.

Manchmal bedarf es eines energischen Bisses.

Anmut hat Gelingen.

Durch Umkehr wird man frei von Schuld. Darum folgt darauf das Zeichen: die Unschuld.

Kommt Ihnen das nicht auch bekannt vor? („Tut Buße ...")

Das Sanfte. Durch Kleines Gelingen.
Wiederholtes Eindringen, um Gebote zu verbreiten.

Wiederholung ist die Mutter der Weisheit. Suggestionsmethoden wirken durch Wiederholung. Durch ständige Wiederholung erreichen Sie Ihre Ziele.

(Zitate nach „I GING – Das Buch der Wandlungen", Eugen Diederichs Verlag. Übersetzt von Richard Wilhelm.)

Jedes Ende ist ein neuer Anfang.

Erfolgslektion Nr. 17: „Ich bin einmalig"

Ein gesunder Mann stößt bei jedem Samenerguss bis zu 300 Millionen Spermien aus. In der Regel kommt nur eines ans Ziel. Eine Frau kommt mit ca. 500 000 Eiern als Anlage zur Welt, von denen einige Hundert im Laufe ihres Lebens heranreifen.

Wenn nun SIE der „Sieger" aus allen diesen Gegebenheiten sind und dies Generationen zurückrechnen, können Sie in etwa erahnen, welche Ausleseprozesse dazu geführt haben, dass Sie überhaupt existieren.

Das ist wahrlich ein Wunder.

Und genauso sollten Sie sich selbst sehen: als absolutes Wunder, als einmaliges Geschöpf, als in jeder Hinsicht einzigartig! Und diese Einzigartigkeit unterscheidet Sie von der übrigen Menschheit.

Um echten Erfolg zu haben, sollten Sie nun genau dies zelebrieren: Leben Sie in dem stetigen Bewusstsein, etwas ganz Besonderes zu sein. Nicht im überheblichen Sinne, sondern im Sinne der Einzigartigkeit.

Sie sind ein Unikat, ein Original.

Jugendliche eifern oft Moden oder Idolen nach. Das gehört zum Entwicklungsprozess und ist nicht weiter schlimm, wenn es nur eine Phase ist. Aber wie oft sieht man Erwachsene, die sich in jeder Hinsicht nach den anderen richten, ihr Fähnchen nach dem Winde drehen. Das beginnt schon bei Kleinigkeiten: Man will nicht so riechen, wie man riecht, und benutzt haufenweise Deos und Parfüms. Dabei hat jeder

Mensch, von wenigen Ausnahmen abgesehen, einen angenehmen, unverwechselbaren Geruch. Normales, regelmäßiges Waschen würde also leicht ausreichen, um dem Entstehen unangenehmer Gerüche vorzubeugen.

Abgesehen davon ist es bei der Partnerwahl ein entscheidender Faktor, dass man sich riechen kann. Hormonstatus, Gesundheit, Alter, Fruchtbarkeit und Immunsystem spiegeln sich im Geruch eines Menschen wider. Man kann nur die richtige Partnerwahl treffen, wenn dies möglichst klar wahrnehmbar ist, abgesehen davon geschieht dies unbewusst.

Ein anderes Beispiel: Sie werden älter und es spiegelt sich in Ihrem Gesicht Ihr gelebtes Leben zusehends wider.

Lieben sie Ihre Falten und Fältchen, es macht sie noch einzigartiger.

Auch Ihre Ideen werden nur aus Ihnen selbst geboren. Vertrauen Sie – auch mit den hier gelernten Erkenntnissen – auf sich selbst.

IHR Erfolg kann nur zum echten Erfolg werden, wenn es wirklich IHR ureigenster Erfolg ist. Als Nachahmer, als Marionette werden Sie nur einen Abklatsch des Glücks erreichen, verglichen mit dem, was Sie in Wirklichkeit erreichen könnten, wenn Sie sich selbst treu blieben!

Kinder malen gern „nach Zahlen" – also vorgefertigte Bilder, wo in jedem Farbfeld eine Zahl steht, die einer bestimmten Farbe zugeordnet ist. Beliebt sind auch sogenannte Mandalas, bei denen vorgegebene Strukturen bunt ausgemalt werden. Dies ist für Kinder durchaus sinnvoll, da sie so auf einfache Art Erfolgserlebnisse haben können.

Für Sie und Ihren Lebenserfolg ist es aber nötig, Ihr eigenes Bild zu malen und die vorgegebenen Strukturen zu verlassen, um Ihr individuelles Muster von einem erfüllten und glücklichem Leben zu entwickeln.

Seien Sie einzigartig! Nicht stur und verbohrt, sondern offen und lernbereit, aber doch immer SIE SELBST!

Erfolgslektion Nr. 18: Die Macht des Unterbewusstseins

Sowohl in den ersten Lektionen wie auch in Nr. 15 haben Sie schon die grundlegenden Mechanismen kennengelernt, wie Sie Gedanken und Bilder als Zielvorstellungen in Ihr Unterbewusstsein „einprogrammieren".

Es ist wissenschaftlich noch nicht exakt geklärt, WIE das Unterbewusstsein funktioniert. Allerdings gibt es einige Erklärungsversuche und Modelle, die die Wirkungsweise verdeutlichen können. Wie also wirkt die „Macht des Unterbewusstseins" im Einzelnen?

Murphy nennt es Energie aus dem Kosmos, Napoleon Hill vergleicht das Unterbewusstsein mit einem schlafenden Riesen.

Meines Erachtens wäre die Bezeichnung „unablässig tätiger Riese" noch exakter, denn das Unterbewusstsein ist immer in Aktion. Ob Sie schlafen, essen, diskutieren oder was auch immer: 24 Stunden am Tag ist das Unterbewusstsein tätig.

Es beginnt seine Arbeit auch nicht erst mit der Geburt. Spätestens bei der Zeugung sind es die vererbten Kräfte, die bewirken – wie ein Programm, das Millionen Jahre alt ist –, dass sich die befruchtete Zelle teilt und wieder teilt und dann bestimmte Organe ausbildet usw. Schon die kleinen Babys träumen im Mutterleib, sie verarbeiten bereits die Eindrücke, die durch den Mutterleib zu Ihnen durchdringen.

Wenn das kleine Kind dann auf der Welt ist, arbeitet zu über 99 % nur das Unterbewusstsein, erst im Laufe der Zeit wird dem Bewusstsein ein kleiner Teil der Arbeit überlassen. Im Laufe der Entwicklung ist es dann die Aufgabe des Bewusstseins, mit den Anforderungen von außen fertig zu werden, aber immer macht das Unterbewusstsein die Hauptarbeit. Ob und wie Sie krank werden oder gesund bleiben, welchen Gemütsverfassungen Sie unterworfen sind und vieles mehr, wird unablässig von Ihrem Unterbewusstsein gesteuert.

Der biologische Sitz ist nicht exakt auszumachen, ich halte die These, dass in JEDER ZELLE des Körpers das Unterbewusstsein wirkt, für die plausibelste. Steuermechanismen werden vom Gehirn über die Nerven und vom Drüsensystem über Hormone unablässig wirksam.

Dieses universelle Programm ist unter vielen Namen bekannt. Früher sagte man lieber Seele dazu, Freud nannte es ES und in jeder Kultur hat es einen anderen Namen. Wenn auch nicht exakt dasselbe mit all diesen Bezeichnungen ausgedrückt wird, so hat man doch immer versucht, diesem unbekannten Etwas im Menschen eine Bezeichnung zu geben.

In dieser unablässig tätigen „Werkstatt" findet das statt, was man schlechthin Leben nennt. Das Unterbewusstsein hat ein sehr starkes Überlebensprogramm. Es ist zuständig für die Fortpflanzung und für die Aufrechterhaltung aller Abläufe, die das Leben weitergehen lassen.

Doch diese mehr „biologische" Seite ist nur der eine Aspekt. Eng verknüpft damit ist die geistige Dimension. Wir könnten nie alle Eindrücke, Gedanken, Gefühle usw. aktiv in unserem Bewusstsein haben. Alles, was wir über unsere Sinne aufnehmen (und vielleicht noch mehr), muss in den Gedächtnisspeichern abgelegt werden.

Die funktionellen Steuerungen laufen vornehmlich über das Zwischenhirn, die Gefühle werden über das benachbarte limbische System gesteuert. Deshalb bildet hauptsächlich das Gefühl die Brücke zu unserem Unterbewusstsein.

Nun **arbeitet** unser Gehirn aber mit den Erinnerungen. Es ist eben nicht wie die Festplatte eines Computers organisiert, das einmal geschriebene Daten genauso abrufbar hält, wie diese gespeichert worden sind. Die Eindrücke, Erinnerungen usw. werden weiterverarbeitet, und zwar ständig. Dieser unablässige Prozess ist so lebensnotwendig, dass nicht nur der Schlaf allein, sondern vor allem das regelmäßige Träumen unentbehrlich ist. Alle Abläufe im Inneren unsres Körpers werden von dieser Arbeit des Unterbewusstseins beeinflusst, ebenso unsere Handlungen und Gewohnheiten.

Wenn wir nun in der beschriebenen Weise mit Konzentration und der entsprechenden Gefühlslage eine Botschaft in Bildern an unser Unterbewusstsein weitergeben, wird diese in das bestehende System integriert und dort „weiterverarbeitet". Wenn eine bestimmte Dichte erreicht ist, wird der Impuls so stark, dass er automatisch zur Verwirklichung drängt.

Wie dies im Einzelnen geschieht, darüber gibt es verschiedene Modelle, ich stelle kurz drei von ihnen vor.

Einmal gibt es die Theorie, dass unsere Wahrnehmung entsprechend der vorhandenen Bilderflut in unserem Unterbewusstsein „gefiltert" wird. Das bedeutet, wir sehen das, was wir sehen wollen und können. Wenn wir negative Bilder von Krankheit, Armut usw. in uns haben, so sehen wir dies auch für unsere Außenwelt als selbstverständlich an und verhalten uns dementsprechend. So bewirken unser Handeln, unsere Kontakte ein Verharren in solch einem Zustand bzw. wir ziehen diese Zustände an.

Wenn in uns ein positives Bild vorherrschend ist, sehen wir jene Dinge besser, die sich mit unseren positiven Vorstellungen decken. Wir gehen auf Menschen zu, die uns weiterhelfen, erhalten Informationen, die uns die richtigen Hinweise geben. Wir üben uns in positiver Erwartung, und das Erhoffte kommt auf uns zu, ohne dass wir merken, wie dies geschieht.

Dies ist die einfachste und am leichtesten nachvollziehbare Modellvorstellung. Doch diese geht trotzdem schon sehr weit. Sie besagt ja, dass man auch etwas heranzieht, das man sehr fürchtet, sowie Weiteres, das schon fast paranormal anmutet.

Eine zweite Erklärung basiert auf dem Modell der Kommunikation von Sender und Empfänger. Wir senden Signale aus, die genau die angestrebten Bilder zum Inhalt haben. So ebnet sich der Weg, und plötzlich „fügt" sich alles, obwohl wir oft gar nicht wissen, wie uns geschieht.

Eine Denkvorstellung kann uns da helfen: Vielleicht gibt es Wellen, die man sich wie Radiowellen vorstellen kann, die jedoch mit unseren Geräten (noch) nicht messbar sind. Wir senden diese Wellen mit unserem Gehirn (oder dem ganzen Körper) aus und das im Kopf vorhandene Bild wird durch diese Wellen gewissermaßen in der Außenwelt geformt. Denkbar ist auch, dass winzig kleine Teilchen – Neurinos, Quarks oder noch kleinere – durch uns und alle Materie hindurchsausen. Solche Teilchen sind nachgewiesen, sie rasen mit ungeheuerlicher Geschwindigkeit durch das ganze Weltall, und was für unsere Augen Materie ist, existiert für diese Winzlinge überhaupt nicht. Der Zwischenraum zwischen einer Atomhülle und einem Atomkern ist für diese Teilchen so groß wie für uns die Distanz bis zum Mond.

In unvorstellbarer Zahl sausen diese Teilchen nun durch unseren Körper, die ganze Erde, das ganze Weltall. Wie, wenn nun diese Teilchen durch unser Unterbewusstsein „aufgeladen werden", Informationen mitnehmen und diese in anderen Köpfen oder anderer Materie in unserem Sinne abgeben?

Dies ist eine etwas spekulative Annahme, sie soll auch erklären, wie es kommen kann, dass scheinbar völlig unbeeinflussbare „Zufälle" plötzlich das geänderte Denken widerspiegeln, so als ob plötzlich sich alle Möglichkeiten eröffnen, wo vorher eine große Mauer war ...

Der dritte Erklärungsversuch nach Robert Sheldrake besagt, dass es so etwas wie ein morphogenetisches Feld gibt. Dies bedeutet u. a., dass für eine Idee, eine Errungenschaft ganz einfach irgendwann die Zeit reif ist. Und wenn einige Lebewesen einer Art auf einer bestimmten Entwicklungsstufe angelangt sind, ist diese neue Idee plötzlich Gemeingut. Komplexe Erfindungen wie das Auto wurden z. B. fast gleichzeitig von mehreren Menschen gemacht. Oft gibt es einen regelrechten Wettlauf, wer etwas Bahnbrechendes als Erster erfindet. Und wenige Jahre später ist es Allgemeingut und für alle selbstverständlich.

Es könnte sein, dass sich Ideen gar nicht (nur) in Individuen entwickeln, sondern durch ein morphogenetisches Feld plötzlich in mehreren Gehirnen Gestalt annehmen, bis es jeder nach seiner Eigenart ausformuliert.

Diese Denkmodelle sollten Ihnen nur einen kleinen Einblick geben. Wenn Sie nämlich über diese Erklärungsmodelle nachdenken, fällt es Ihnen leichter, Ihre eigenen Gedanken zu konzentrieren, Gefühle und Bilder bewusst auszuwählen und auf die Kräfte des Unterbewusstseins zu vertrauen, ohne immer versucht zu sein, den Erfolg zu „erzwingen".

Das Unterbewusstsein selbst ist grenzenlos und allmächtig. Die menschliche Fantasie kann sich ALLES vorstellen. Das Ur-Wissen unserer Ahnen (bis Millionen Jahre zurück) ist darin gespeichert.

Die verschiedenen Völker versuchen, mittels Mythen, Sagen, Legenden, Märchen, Religion, Mystik sowie heute durch Psychologie und Wissenschaft dieses unbegrenzte Unterbewusstsein in den Griff zu bekommen und zu ordnen. Es werden dazu Bilder und bildhafte Vorstellungen benutzt, denn nur diese Sprache „versteht" das Unterbewusstsein.

Gefühle transportieren und verändern die Bilder.

Es ist also ein Unterschied, ob Ihre vorherrschenden Gefühle ***Ärger, Hass, Schuld, Verzweiflung, Geiz, Habsucht, Rache, Angst, Zweifel*** sind oder ob Sie beherrscht werden von **Liebe, Hoffnung, Glauben, Freude, Sicherheit, Zuversicht, Vertrauen, Harmonie.**

Genau dies macht den Unterschied, ob Ihre Gedanken schlussendlich positive oder negative Wirkungen haben. Vermindern Sie alle negativen Gefühlsregungen und verstärken Sie alle positiven. Die Gefühle bilden die Verbindung von Ihrem Körper zur Seele und umgekehrt. In der Summe entspricht die Ursache genau der Wirkung.

Deshalb hilft auch krampfhaftes Wünschen oder Beten nicht. Wie Sie bereits wissen, überschreiten Sie die Brücke zum Unterbewusstsein nur in entspanntem Zustand. Ihre Vorstellungen werden von Ihren Gefühlen beeinflusst und Ihre Gefühle von den Vorstellungen. Sie können Ihre Gedanken auswählen und auch Ihre Gefühle. Entscheidend ist immer Ihre Grundhaltung.

Es wäre auch sinnlos, Dinge anzustreben, die ganz offensichtlich mit Ihrem individuellen Unterbewusstsein nichts zu tun haben. Ein Lottosechser am nächsten Samstag ist vielleicht wünschenswert, aber nicht mit den hier beschriebenen Methoden anzustreben.

Es ist Ihre Bestimmung, glücklich und gesund zu leben. Die Störfaktoren, die dies oft behindern, sind vielfältig. Sie können durch Ihr Denken und Ihren Geist eine Menge bewirken, nämlich den Unterschied von Erfolg und Misserfolg. Sowohl die Methoden wie die Möglichkeiten sind natürlich je nach Ausgangslage sehr unterschiedlich. Je mehr Sie beanspruchen, desto mehr bekommen Sie.

Die Wirkungsweise des Unterbewussten genau erklären zu können, hieße, es in seinen Möglichkeiten zu beschränken. Es genügt vollkommen, wenn Sie eine Ahnung davon haben und sich dann selbst darauf besinnen, Ihre Gedanken und Gefühle positiv auszurichten.

Alle *heilenden* und **zerstörerischen** Kräfte sind in unserem Unterbewusstsein angelegt. Es ist **Ihre** Aufgabe, eine Auswahl zu treffen.

Es ist beruhigend, zu wissen, dass der ganze Kosmos nach den gleichen Prinzipien ausgerichtet ist. Wenn Sie im Gleichklang mit der größeren Ordnung leben, so wirkt dies auf Sie zurück, sodass Sie mit Ihren Gedanken Ihre Wirklichkeit formen.

Die Macht des Unterbewusstseins ist grenzenlos.

Alles ist dem möglich, der glaubt.

Erfolgslektion Nr. 19: Höhere Sinngebung

Eine Frage haben wir bis jetzt außer Acht gelassen. Ja, es scheint fast so, als ob diese Frage in unserer heutigen Zeit gänzlich an den Rand gedrängt wurde:

Die Frage nach dem SINN DES LEBENS.

Ich denke, es ist unerlässlich, darüber nachzudenken, denn was hilft es Ihnen, wenn Sie äußeren Erfolg erringen und dennoch von Selbstzweifeln, Depressionen und einem Gefühl der Sinnlosigkeit zerfressen werden?

Religion und Philosophie haben in der Vergangenheit versucht, hier entsprechende Antworten zu finden. Doch wenn wir es genau betrachten, ist es bisher nie so richtig geglückt.

Es ist auch nicht unsere Aufgabe, einen allgemeinen Lebenssinn für jedermann zu definieren. Doch es ist für Sie selbst von entscheidender Bedeutung, wenn Sie dauerhaftes Glück und wirklichen Erfolg erringen wollen, dieser Frage nicht auszuweichen, denn sie bildet eine Klammer oder besser das tragende Fundament der anderen in diesen Lektionen angesprochenen Themen.

Es gibt einige einfache Wahrheiten, die so offensichtlich sind, dass sie meist übersehen werden. Sie wollen Ihren Erfolg schließlich auf Fels gründen und nicht auf Sand, deshalb sind diese Überlegungen von unschätzbarem Wert für den, der sich dafür öffnet. Ihre Wünsche, die Sie als Ziele definiert haben und mit Konzentration und Ausdauer verfolgen, schweben ja nicht in einem luftleeren Raum.

Wir sind alle von einer vielfältigen Um- und Außenwelt umgeben. Wenn wir uns nun nach rein egoistischen Zielen ausrichten, ist unser Erfolg davon abhängig, wie wir auf Kosten anderer etwas besser abschneiden.

Dies kann aber nicht der richtige Weg sein.

Ich möchte Ihnen nicht einen Himmel in einem zukünftigen Jenseits versprechen. Dieser Glaubensansatz hat zwar jahrtausendelang eine gewisse Anziehungskraft ausgeübt, doch in unserer aufgeklärten Zeit ist so eine Illusion nicht mehr durchzuhalten.

Wenn man es genau betrachtet, wurden diese Jenseitsversprechen u. a. vor allem deshalb so gerne aufgenommen, weil das diesseitige Leben nicht das hergegeben hat, was man gerne angestrebt hätte. Wenn es einen hier schlecht geht, spendet es doch wenigstens Trost, wenn man hoffen kann, vielleicht „im Himmel" dafür belohnt zu werden. So wie die christliche Religion stark nach dem Jenseits ausgerichtet war, versuchten die östlichen Religionen mittels des Konzepts des Karmas, das Leben erträglicher zu machen.

Heute gibt es bei uns viele Kulte und Sekten, die eine Mischung aus dem christlichen Erlösungsgedanken und dem karmischen Prinzip herstellen wollen.

So bedeutet in indischen Religionen Karma kurz gesagt, dass wir das ernten, was wir in einem früheren Leben gesät haben, und unsere Taten heute wirken sich auf spätere Leben aus.

Neben der Grundannahme, dass wir ständig wiedergeboren werden (bis wir im Nirwana Erlösung finden), basiert dieser Gedanke des Karmas im Grunde auf demselben Vertröstungsgedanken wie die christlichen Prinzipien. Der Hauptunterschied liegt darin, dass es im Falle des Karmas ein mühsamer Weg ist, den man im Wege einer (kaum schaffbaren) „Selbst"-Erlösung über Jahrhunderte oder Jahrtausende gehen muss, um dann irgendwann endlich Frieden zu finden.

Ich denke, dass diese Denkansätze vor allem zur Unterdrückung der Menschen erfunden wurden, um diese dazu zu bewegen, sich abzufinden mit Leiden, Unterdrückung, Armut und Hunger, ohne groß aufzumucken.

Es gibt eine Bedürfnishierarchie, die unsere Lebensbedürfnisse in Grundbedürfnisse und höhere Bedürfnisse aufteilt. Auf der einen Seite sind Schlafen, Essen, Wärme, Sicherheit und Fortpflanzung als elementare Bedürfnisse vorhanden. Dieses Spektrum unterscheidet sich nicht von den Bedürfnissen der Tiere.

Hinzu kommen als typische menschliche „höhere" Bedürfnisse solche Dinge wie Anerkennung, Selbstverwirklichung, Liebe (im Sinne von Nächstenliebe, Agape).

Während sich Tiere wenig Gedanken um den Sinn machen, ist der Mensch darauf ausgerichtet, nach einer höheren Bedeutung seines Daseins zu forschen.

Interessanterweise tritt dieser Gedanke stark in den Hintergrund, wenn es ums nackte Überleben geht. Wenn der Mensch damit beschäftigt ist, überhaupt die minimalen Grundbedürfnisse zu befriedigen, liegt sein Sinn gewissermaßen offen da: Überhaupt Nahrung, Wärme, Sicherheit zu erlangen, reicht in einer solchen Situation. Sobald aber die Grundbedürfnisse einigermaßen erfüllt sind, beginnt wieder die Suche nach einem höheren Sinn.

Dieser Sinn offenbart sich aber meines Erachtens ganz einfach, wenn wir uns das Leben der Menschen genauer anschauen.

Schon seit seiner Geburt ist der Mensch vollkommen von anderen abhängig. Kein Lebewesen benötigt so lange totale Fürsorge durch seine Eltern oder die Gesellschaft und auch als Erwachsener ist er nie ein Einzelwesen. Deshalb ergibt sich aus der Beziehung zu den Mitmenschen und aus der Verantwortung für die Schöpfung der Ansatzpunkt für einen höheren Sinn.

Eine Mutter hat eine ganz bestimmte Aufgabe. Ihr Leben bekommt durch die Fürsorge für das Kind einen neuen Sinn, der anders nicht erfahrbar ist. Genauso ergeht es dem Vater, wenn er auch oft mehr indirekt in dieser Verantwortung steht, indem er z. B. für die materielle Absicherung sorgt.

Wenn Sie nun Ihren Erfolg planen, dürfen Sie nie aus den Augen lassen, dass Sie nicht allein auf der Welt sind, ja eine dauerhafte Erfolgsquelle kann nur darin bestehen, dem Wohl der Menschheit dienen zu wollen. Erst durch diesen „Dienst“ können Sie ver**dienen** – es ist kein Zufall, dass das Wort „Verdienst“ von „Dienst“ abgeleitet ist.

„Liebe deinen Nächsten wie dich selbst“

Dieses Wort Jesu erleuchtet diesen Sinngedanken auf einfache Weise. Wenn Sie sich selbst lieben, können Sie den anderen lieben. Sie selbst lieben sich so, wie Sie geliebt worden sind. In dem Maße, wie Sie angenommen und akzeptiert wurden, so wie Sie sind, sind Sie in der Lage, Liebe zu geben.

So ist, wie Ricarda Huch schrieb, die ***„Liebe das Einzige, was wächst, wenn wir es verschwenden“,*** und dies ist die Brücke zu einer höheren Sinngebung, die diesseitig ausgerichtet ist und eben nicht zu schicksalsergebenem Fatalismus oder jenseitiger Vertröstung führt, sondern den Himmel Stück für Stück auf Erden Wirklichkeit werden lässt.

Rockefeller hatte im Alter von ca. 54 Jahren eine lebensbedrohliche Krise. Er wurde so krank, dass die Ärzte ihm zum Aufbau nur mehr Muttermilch geben konnten, da er nichts anderes mehr vertrug. Er hatte zu diesem Zeitpunkt mit rüden Geschäftsmethoden fast alle Schlüsselindustrien in Amerika in der Hand und war so ziemlich der reichste Mensch auf Erden.

Damals, noch vor dem Ersten Weltkrieg, konnten „Wildwest-Methoden" in der Wirtschaft noch fast schrankenlos durchgesetzt werden und Rockefeller war einer der durchsetzungskräftigsten Pioniere dieser „freien Marktwirtschaft". Doch irgendwann fraß sich etwas in seine Seele, das ihm selbst fast das Leben gekostet hätte.

Wo ist der Sinn von all dem?, fragte er sich. Er kam zu der Erkenntnis, dass es nicht richtig sein kann, unter Ausschaltung seiner Gegner nur immer mehr zu wollen.

Er gründete Stiftungen und stellte große Teile seines Vermögens für gemeinschaftliche und soziale Belange zur Verfügung. Daraufhin wurde er gesund und weit über 90 Jahre alt, ohne wieder derart ernsthaft zu erkranken.

Ein krasses Beispiel, doch es zeigt den Zusammenhang sehr deutlich: Wir werden nur dann SINN erfahren, wenn wir den anderen und das Gemeinwohl berücksichtigen. Natürlich kommt an erster Stelle die eigene Familie und deren Sicherheit. Und wenn wir uns nicht selbst lieben (können), dann fällt es uns garantiert schwer, den anderen zu lieben.

Umgekehrt stimmt es genauso: So wie wir die anderen lieben, so lieben wir uns. Dies bedingt sich gegenseitig und ist untrennbar miteinander verbunden. Deshalb ist Geiz oder Hass immer ein Zeichen mangelnder Selbstliebe UND mangelnder Nächstenliebe. Liebe wird nur mehr, wenn sie gegeben wird und wer Liebe geben kann, kann auch Liebe nehmen.

Sie haben ein Anrecht auf Ihren Erfolg – dieses Recht können Sie einfordern in dem Maße, in dem Sie ihn nutzen für das Wohl der Menschheit. Wenn Sie die Bedürfnisse der anderen sehen, werden Ihre eigenen „automatisch“ erfüllt.

Immer wieder erzählen erfolgreiche Menschen, dass sie ab dem Zeitpunkt, ab dem sie bemüht waren, ANDEREN zum Erfolg zu verhelfen, SELBST am meisten Erfolg hatten.

Geld ist nie Selbstzweck, ebensowenig Erfolg. Wenn Sie nur ans Geld denken, tun Sie sich schwer, Erfolg zu erringen. Hier muss ein anderer Gedanke vorherrschen: Was leiste ich? – Dann kommt das Geld von allein.

Dieser Grundgedanke ist sehr einfach, aber die meisten Menschen haben enorme Schwierigkeiten damit. Immer wieder hadern sie mit sich und wundern sich, warum es der und der geschafft hat, sie selbst, so meinen sie, blieben auf der Strecke.

Die Wirtschaft lebt davon, die Bedürfnisse der Menschen zu erfüllen. Deshalb ist Ihr Erfolg nicht darauf gründbar, nur IHRE Bedürfnisse zu erfüllen. Und wenn Sie TÄTIG werden, HANDELN, im Sinne von aktiv etwas zur Bedürfniserfüllung IHRER MITMENSCHEN beitragen, folgt der eigene Erfolg zwangsläufig.

Dies ist kein magischer Vorgang, er gründet auf solide, einfache Zusammenhänge. Aber er verleiht Ihrem TUN immer einen Sinn, der über Sie selbst hinausgeht, und bringt eine andere Dimension in Ihr Wirken.

Es ist nicht Ihre Aufgabe, über andere zu richten. Die Gründe für Ihren eigenen Erfolg oder Misserfolg liegen immer in Ihnen selbst. Anregungen wie dieser Erfolgskurs können nur eine Hilfestellung sein, damit Sie Ihre eigene Haltung überprüfen. Nicht der Lohn im „Himmel“, sondern der „Himmel auf Erden“ ist Ihr Gewinn.

*„Den Sinn erhält das Leben einzig durch die Liebe.
Das heißt: Je mehr wir zu lieben und uns hinzugeben fähig sind,
desto sinnvoller wird unser Leben."*

Hermann Hesse

Nehmen Sie das folgende Gebet Franz von Assisis als Richtschnur für Ihr Leben. Es ist nicht jenseitig ausgerichtet, wenn man es auch so deuten kann:

*„Herr, mach mich zum Werkzeug Deines Friedens.
Damit ich Liebe bringe, wo Hass ist,
Verzeihung, wo Sünde ist.
(...)
Nicht um geliebt zu werden, sondern um zu lieben.
Hilf mir, zu lernen, dass ich durch Geben empfange."*

Nutzen Sie die – auch von der modernen Psychologie bestätigte – Erkenntnis: Je mehr Ihr Denken um Sie selbst kreist, desto mehr verfangen Sie sich in einem Teufelskreis. Wenn Sie sich für andere öffnen, mit dem Mitmenschen in Kontakt treten und sich mit dem andern beschäftigen, erzielen Sie wirklichen Fortschritt.

Da dies nicht von vornherein zweckgebunden geschehen kann, erlangen Sie durch echte Anteilnahme Ihre eigene wahre Befriedigung.

„Frieden kannst du nur haben, wenn du ihn gibst."

Marie v. Ebner-Eschenbach

Erfolgslektion Nr. 20: Der Weg ist das Ziel

Nun haben wir unsere goldene Erfolgsreise fast bewältigt.

Sie haben wichtige Zusammenhänge erfahren über die Zielsetzung, welche Rolle die Macht Ihrer Gedanken spielt und wie Sie durch Konzentration alles erreichen. Manche Stolpersteine wurden aus dem Weg geräumt und viele Gedanken angesprochen. Vielleicht haben Sie es bemerkt: Dieser Erfolgslehrgang beinhaltet die Quintessenz aus vielen alten und neuen Erfolgslehren und geht in der Verknüpfung oft darüber hinaus.

So werden Sie den besten Nutzen ziehen, wenn Sie die Erfolgslektionen immer wieder zur Hand nehmen und die Kapitel zu dem einen oder anderen Themenbereich nochmals durchlesen. Man ist nämlich nicht immer in gleichem Maße aufnahmebereit, und was Ihnen vielleicht beim ersten oder zweiten Lesen noch gar nicht aufgefallen ist, nimmt später eine wichtige Rolle in Ihrem Leben ein.

Lesen Sie auch regelmäßig aufbauende Literatur, wenn Sie sich schlecht fühlen oder den richtigen Durchbruch vermissen. Lassen Sie Ihren Erfolg nicht aus den Augen und gewöhnen sich Tag für Tag mehr an positives Denken.

Allein wenn Sie täglich einige positive Sätze aufschreiben, macht sich diese Wirkung in kurzer Zeit bemerkbar:

- *„Heute ist ein schöner Tag."*

- *„Ich fühle mich frei und gesund."*

- *„Geld fließt reichlich in mein Leben."*

- *„Mit geht es in jeder Hinsicht von Tag zu Tag besser." (Émil Coué)*

- *„Mein Leben ist voller Freude."*

- *„Ich bin durchdrungen von Begeisterung, die mich zum Handeln drängt."*

- *„Ich habe ein Recht auf Erfolg, da ich ihn zum Wohle der Menschheit nutze."*

Formulieren Sie sich für Ihre spezielle Situation solche positiven Sätze. Wörter wie „nicht", „kein" oder sonstige Verneinungen vermeiden Sie hier bitte, da Ihr Unterbewusstsein das Wort „nicht" ganz einfach nicht wahrnehmen kann.

Wenn Sie also sagen würden: „Ich rauche nicht mehr", dann nimmt Ihr Unterbewusstsein das Wort „rauchen" wahr und Sie denken weiterhin ans Rauchen – und gewöhnen es sich nur sehr mühsam oder überhaupt nicht ab. Sie sollten sagen: „Ich lebe gesund und mein Atem ist frisch", oder eine ähnliche Formulierung finden.

Grundsätzlich sollten Sie sich nicht verkrampfen. Der Erfolg ***kommt*** zu IHNEN, wenn Sie es zulassen. Wenn Sie ihm hinterherjagen, läuft er von Ihnen weg (bildlich gesprochen).

Freuen Sie sich täglich, dass Sie leben. Pflegen Sie Ihre *Freude* auch an kleinen Dingen.

Sie werden sich immer weiterentwickeln, wenn Sie mit **Freude** ans Werk gehen. Entwickeln Sie ein gesundes Selbstvertrauen, nicht überheblich, sondern mit Freude und Freundlichkeit.

Sie haben ein **unerschöpfliches Potenzial** in Ihrem Innern. Pflegen Sie dieses Potenzial durch **positives Denken**, auch wenn die Situation auf den ersten Blick nicht so positiv erscheint.

Lächeln Sie und seien Sie ***optimistisch***. Alles geht leichter mit einem gesunden Optimismus. Verschwenden Sie Ihre Zeit nicht mit Ärger, Hass, Missmut oder Nörgelei.

Sie können aus jeder Situation Gewinn ziehen. Jeder Mensch kann Ihnen auf Ihrem Lebensweg etwas mitgeben.

„Wer ist weise? Derjenige, der von jedem Menschen etwas lernen kann."

Bekenntnis der internationalen Optimisten

Und denken Sie daran: Man ist nie „fertig". Marie von Ebner-Eschenbach hat gesagt:

„Am Ziel deiner Wünsche wirst du jedenfalls eines vermissen: dein Wandern ans Ziel."

Sehen Sie Ihre Erfolgsreise, auf die Sie sich begeben haben, als interessante, bunte, erlebnisreiche Fahrt durchs Leben.

Der Mensch ist in einer steten Entwicklung begriffen: **„*Werde,* der du bist."**

Ihr Werden, Ihr steter Wandel bringt Sie immer weiter.

Sie wachsen und blühen und bringen vielfältige Frucht. Diese Reise geht nie zu Ende, doch Sie erklimmen immer höhere Ebenen. Diesen Entwicklungsverlauf können Sie genießen und steuern. Es wäre langweilig, ALLES erreicht zu haben und nichts mehr zu wollen oder zu wünschen.

Ihre Ziele werden sich ändern, höher entwickeln. Während am Anfang oft alltägliche Sorgen zur Lösung anstehen, dann oft materielle Dinge im Mittelpunkt stehen, entwickeln sich auch Ihre Ziele weiter.

Sie werden größer, anspruchsvoller, geistiger.

Der Weg ist das Ziel.

Dies ist keine abgedroschene Phrase. Denken Sie darüber nach. Denn wenn Sie nicht mehr „auf dem Weg sind", bleiben Sie stehen, stagnieren, verfallen in Lethargie.

Es gibt Menschen, die im Alter von 20 Jahren bereits diese Haltung besitzen.

Hören Sie nie auf, anzufangen!

Ihr **Lebenswille**, Ihr **Mut** und Ihre **Selbstbehauptung**, Ihr **Erfolgswille** und Ihre ***Begeisterung*** befähigen Sie zu einem ganz besonderen Leben. Es wird nie langweilig werden, wenn Sie jede Situation mit Gelassenheit betrachten und FREUDE zulassen.

Der Sinn Ihres Lebens liegt in erster Linie im Leben selbst. Es ist gar nicht notwendig, hier lange zu spekulieren. Wenn Sie den Inhalt der vorangegangenen Lektionen im Hinterkopf behalten und von Zeit zu Zeit auffrischen, werden Sie bald spüren, dass alles **leichter**, **fröhlicher** zugeht.

Achten Sie in Zukunft darauf, ob Sie die Zeit, die Ihnen zur Verfügung steht, SINNVOLL nutzen. Leonard Coldwell sagt: „Verlierer tun so, als ob Sie 1000 Jahre leben würden."

Wenn Sie auf dem Weg zum Erfolg sind, dann nutzen Sie die Zeit richtig: Lernen Sie immer weiter, verschwenden Sie nicht Ihre Zeit:

„Ist die Zeit das Kostbarste unter allem, so ist Zeitverschwendung die allergrößte Verschwendung."

Benjamin Franklin, „Der Weg zum Reichtum"

Selbst Milliardäre versuchen, täglich etwas Neues hinzuzulernen. Gehen Sie deshalb jeden Morgen mit dem Gedanken in den Tag: „Was kommt heute Interessantes auf mich zu?", „Was kann ich von den Menschen, dem, was mir begegnen wird, lernen?"

Sie sind auf dem Weg.

Die Tatsache, dass Sie dieses Erfolgsprogramm bis hierher durchgearbeitet haben, beweist, dass Sie nicht nur zum Gewinner geboren sind, sondern dies auch WISSEN.

Nun kommt es nur noch auf die Anwendung an.

Wenn Sie viele Stunden täglich mit den negativen Schlagzeilen der Massenmedien verbringen, die Sie nicht weiterbringen, dann verlieren Sie täglich Stunden, diese sind nicht nur für Ihren Erfolgsaufbau auf immer verloren, sondern hindern Sie auch daran, Ihre positiven Ideen in die Tat umzusetzen.

Hören Sie motivierende Kassetten im Auto. Es ist doch eigentlich egal, ob irgendeine Schlagermusik aus dem Radio dudelt, dann besser motivierende Texte erfolgsorientierter Autoren.

„Verschwendete Zeit ist Dasein. Genutzte Zeit ist Leben."

Edward Young

Zusammenfassung und Schlusswort

Glücklich erfolgreich sein und bleiben

„Der ist mächtig, der vorwärts will." – Dieses norwegische Sprichwort bringt es auf den Punkt.

Sie **wissen** jetzt, wie Sie Ihre Ziele planen und täglich daran arbeiten. Wie Sie die Gedankenkräfte konzentrieren und mit Begeisterung handeln.

Sie **wissen**, wie Sie mit Krisen und Problemen fertig werden und diese für Ihren Vorteil nutzen.

Sie **wissen**, dass Probleme Chancen sind.

Sie **wissen**, dass Rückschläge kommen und normal sind. Aber Sie sind gewappnet, da Sie sich mit Durchhaltevermögen aufgeladen haben und **wissen**, dass der Erfolg nicht vom Zufall abhängt.

Sie **wissen**, wie Sie Ihr Unterbewusstsein nachhaltig programmieren, um so Ihre Ziele und Wünsche Wirklichkeit werden zu lassen.

Sie **wissen**, dass Sie mit Freude und Begeisterung Ihr Immunsystem derart stärken, dass Sie eine robuste Gesundheit entwickeln, die Ihnen viele zusätzliche Lebensjahre schenken kann.

Sie **wissen**, dass Sie alles, was Sie sich vorstellen, auch erreichen können, wenn SIE dies wollen.

Alle diese Dinge sind nun in Ihrem Bewusstsein.

Doch ich möchte Ihnen noch etwas verraten: WISSEN ist NUR DANN MACHT, wenn Sie dieses Wissen auch beständig anwenden.

Ja, allein das LESEN dieser Erfolgslektionen wird Sie positiv aufladen. Tun Sie dies, so oft Sie wollen und immer wieder. Dann muss aber der Zündfunke in Ihnen explodieren, und auf einmal wird Sie nichts mehr aufhalten, das in die TAT umzusetzen, was Sie jetzt wissen.

Dann ist WISSEN MACHT!

Viele Erfolgsautoren verkaufen so manche Gedanken, die Sie hier finden, als „Geheimnis". Sind sie ein Geheimnis?

Auf der einen Seite schon, denn nur wenige wenden diese Erkenntnisse konsequent an!

Aber es gibt mittlerweile so viel Literatur zu diesem Thema, dass es kein Geheimnis mehr ist. Ja, eigentlich ist dieses Wissen bereits tief in unserem Inneren angelegt. Denn Naturvölker und alle Kulturen aller Zeiten besitzen dieses „WISSEN". Und die, die es anwenden, versuchen es zu verbergen, damit sie allein die Mächtigen, Reichen und Gewinner sind.

Das Geheimnis ist nicht die Tatsache, dass die geistigen Gesetzmäßigkeiten in verborgenen Schriften oder Geheimlehren, gewissermaßen hinter vorgehaltener Hand nur unter „Eingeweihten" weitergegeben werden. Das Geheimnis besteht allein in der ANWENDUNG!

Denn hier versagen die meisten!

Nur 5 % aller Menschen werden im Laufe ihres Lebens finanziell unabhängig. Lediglich 1 % wirklich REICH! Diese erfolgreichen Menschen wissen nicht mehr als Sie! Sie wissen nur, WAS sie wollen, und sie stehen immer einmal mehr auf, als das Leben sie niederwirft!

Nun noch eine Frage auf Ehr' und Gewissen:

Wissen Sie, was Sie wirklich wollen?

Kennen Sie den Spruch, wenn man über jemand sagt, der bzw. die weiß ganz genau, was er bzw. sie will?

Und? Sagt man das von IHNEN? Können Sie das selbst von sich sagen?

Solange Sie diese Frage nicht ohne zu zögern beantworten können, sollten Sie diesen Intensiv-Erfolgskurs nicht zu weit wegpacken.

Lesen Sie ihn immer wieder, bis Sie genau wissen, was Sie wollen!

Der ist mächtig, der vorwärts will.

Und wenn man so will, ist dies das „Erfolgsgeheimnis“: SIE müssen wissen, was Sie wollen. Lassen Sie sich dies nicht von anderen (Partner, Eltern, Vorgesetzte, Werbung, Medien – oder von mir) einreden!

Morgenstern hat geschrieben:

„Alle Geheimnisse liegen in vollkommener Offenheit vor uns. Nur wir stufen uns gegen sie ab, vom Stein bis zum Seher. Es gibt kein Geheimnis an sich, es gibt nur Uneingeweihte aller Grade."

Und die „Einweihung" ist und bleibt die PRAXIS, der in die Tat umgesetzte Gedanke. In Ritualen wird diese Einweihung vollzogen. So geht man durch seine Ängste zu immer weiterer Grenzüberschreitung.

Ihre „Einweihung" ist die *Erfahrung*, die Sie jeden Tag machen, indem Sie das WISSEN anwenden! Und Sie werden erfolgreich werden, immer erfolgreicher, von Stufe zu Stufe.

Manche vergessen dabei oft, dass das GLÜCK nicht im Äußeren zu finden ist. So wie man innerlich REICH ist, wird man äußerlich REICH.

GLÜCK ist die andere Seite des Erfolgs, die oftmals ein Schattendasein führt. Ich möchte Sie nicht im Schnelldurchlauf mit Glückstechniken konfrontieren. Es würde ein eigener Intensiv-Kurs dazu notwendig sein.

NUR: Vergessen Sie bei allem Streben nicht, schon AUF DEM WEG Ihr Glück zu finden. Wer nicht jetzt, in diesem Moment, GLÜCKLICH sein kann, wird es auch nicht sein, wenn er all seine Ziele erreicht hat. Sie leben JETZT und Sie können und sollen JETZT glücklich sein.

Ja, wenn Sie das GLÜCK, das Sie schon HABEN, begreifen und erfassen, dann sind Sie augenblicklich REICHER. Mir fällt hier das Zitat ein: „Ich weinte, weil ich keine Schuhe hatte, da sah ich jemand, der keine Füße hatte."

Nein, nein, Sie sollen auf nichts verzichten. Sie sollen mehr als andere haben. Aber glücklich machen wird Sie materieller Reichtum alleine auf die Dauer nicht. Das Glück findet in Ihrem Innern statt. Und da ist es eine wertvolle Übung, immer wieder mal aufzuschreiben, auf was man stolz sein kann. Die bestfunktionierendste Maschine, die jemals geschaffen wurde, sitzt in Ihrem Kopf: Es ist Ihr Gehirn!

Dies ist die einzige bekannte Materie, die imstande ist, über sich selbst nachzudenken. Die darüber hinaus immer alle Eindrücke und Erfahrungen neu sortiert, ordnet und auswertet. Selbst mit 100 Milliarden Euro könnte man IHR GEHIRN nicht nachbauen.

Verschaffen Sie sich möglichst viele „kleine" Glücksmomente. Täglich, stündlich, immer wieder. All die Reibereien, Hemmnisse, Ärger, Zorn, Hass, Wut, Schmerzen sind unablässige Mahner, die daran erinnern: Strebe danach, glücklich zu sein!

Kultivieren Sie Ihre Lustmomente. Immer wieder, immer mehr. Die Begegnung zweier Menschen kann so faszinierend sein. Sehen Sie den Menschen in die Augen. Freuen Sie sich über die Augenfarbe. Nutzen Sie jeden Anlass, sich Ihrer Eigenschaften, Talente und Möglichkeiten BEWUSST zu werden.

In wissenschaftlichen Studien hat man festgestellt, dass jeder Mensch einen individuellen „Glückslevel" hat. Manche sind auf einer imaginären Glücksskala etwas niedriger angesiedelt. Bei ihnen überwiegen die negativen Gefühle. Vorkommnisse werden von ihnen schnell negativ bewertet. Andere, die etwas weiter oben liegen, empfinden mehr glückliche Gefühle. Ihre „Einstellung" ist sonnendurchströmt, sie machen auch aus weniger schönen Erfahrungen etwas Positives.

In Langzeitstudien stellte man fest, dass einschneidende Erlebnisse diesen individuellen Glückslevel nur für eine begrenzte Zeit verschieben: So waren Lottogewinner spätestens nach einem Jahr genauso glücklich oder unglücklich wie vorher. Menschen, die schwere Schicksalsschläge zu verwinden hatten, erreichten diesen „Normalzustand“ sogar in durchschnittlich kürzerer Zeit, schon nach einigen Monaten.

Man kann aber sein eigenes Glücksvolumen vergrößern. Dies geschieht nicht durch materielle Dinge oder äußeren Erfolg. Nur durch ein Glückstraining, das so aussieht, dass man sich selbst möglichst viele BEWUSSTE Glücksmomente verschafft, kann man seine individuelle Befindlichkeit in Richtung „glücklicher“ trainieren.

Ob es die viel zitierte Blume am Wegesrand ist, ein Lächeln oder ein freundliches Gesicht, das einen aus dem Spiegel anschaut: Täglich viele kleine Glücksmomente lassen einen das Leben genießen und dauerhaft glücklicher werden.

Trainieren Sie, Ihren persönlichen Glückslevel nach „oben“ zu verschieben. So nutzen Sie gleichzeitig eine weitere Erfolgsstrategie, denn glücklichere Menschen besitzen mehr Ausstrahlung, mehr Charisma, mehr Charme. Viele Türen öffnen sich so leichter, viele Kontakte werden schneller hergestellt.

Und es ist nicht jeder eine Schönheit. Aber mit Charme, Witz und positiver Ausstrahlung stellen Sie jeden Adonis in den Schatten, wenn dieser lediglich Kühle ausstrahlt.

Lehnen Sie sich einmal für einen kurzen Augenblick zurück.

Atmen Sie bewusst einige Male tief durch.

Fühlen Sie, wie Ihre Sitzgelegenheit, Ihr Stuhl, Sessel oder Sofa Sie trägt. Noch deutlicher fühlen Sie es, wenn Sie auf einer Wiese sitzen.

Spüren Sie bewusst, wie die Erde, die Unterlage, auf der Sie sich befinden, Sie TRÄGT. Genau die Kraft, die notwendig ist, um Ihr Gewicht zu tragen, drückt von unten und HÄLT SIE.

Spüren Sie diesen HALT, dieses GETRAGENSEIN. Entwickeln Sie mehr und mehr das in Ihnen angelegt Urvertrauen. Dies können Sie jetzt noch stärken, selbst wenn es in der Kindheit zu wenig entwickelt wurde.

Diese TRAGKRAFT, dieses Gehaltensein ist die Basis für Ihren kometenhaften Aufstieg.

Bereiten Sie diesen systematisch vor.

Jetzt haben Sie den ganzen Kurs einmal durchgearbeitet. Blättern Sie zurück. Lassen Sie Ihren Blick verweilen, wo er gerade eine lesenswerte Stelle findet. Nun kommt der Zeitpunkt, an dem wir uns verabschieden. Es liegt an Ihnen, ob Sie alles Gelesene abtun und sagen: „Na ja, ganz schön, stellen wir es in den Schrank“,

ODER

Sie beginnen, das Gelesene in die TAT umzusetzen. Fühlen Sie, wie die MACHT in Ihnen hochsteigt, die MACHT zu WISSEN, wie man erfolgreich, glücklich und gesund lebt.

Kein Mensch kann Ihnen dies jemals wieder wegnehmen. Machen Sie dieses Erfolgsprogramm zu einem Bestandteil IHRES Lebens. Nehmen Sie Ihren Erfolg ERNST. Dann nimmt der ERFOLG auch Sie ernst.

Und nun:

Leben Sie IHR RECHT AUF ERFOLG!

Ihr Markus Rosenberg

Persönlicher Beratungsservice

Aufgrund früherer Publikationen habe ich die Erfahrung gemacht, dass viele Menschen persönlichen Rat wünschen oder einfach ihre Meinung mit einbringen wollen.

Haben Sie ein Anliegen? Lob oder Kritik? Ein persönliches Problem, eine Frage oder Anregung?

Ich bin gerne bereit, Ihre persönlichen Briefe im Rahmen meiner Möglichkeiten zu beantworten oder mit Rat und Tat zu helfen, wo ich kann.

Richten Sie Ihre schriftliche Anfrage an:

Markus Rosenberg
Postfach 11 62
94220 Zwiesel